Melhores Poemas

FERNANDO PESSOA

Direção de Edla van Steen

Melhores Poemas

FERNANDO PESSOA

Seleção de
TERESA RITA LOPES

São Paulo
2023

© **Teresa Rita Lopes, 2015**

14ª Edição, Global Editora, São Paulo 2023

Jefferson L. Alves – diretor editorial
Gustavo Henrique Tuna – gerente editorial
Flávio Samuel – gerente de produção
Equipe Global Editora – produção editorial e gráfica
Marcin Krzyzak/Shutterstock
(Funicular Glória de Lisboa, Portugal) – foto de capa

Dados Internacionais de Catalogação na Publicação (CIP)
(Câmara Brasileira do Livro, SP, Brasil)

Pessoa, Fernando, 1888-1935
  Melhores poemas : Fernando Pessoa / Fernando Pessoa ;
direção de Edla van Steen ; seleção de Teresa Rita Lopes. – 14. ed. –
São Paulo : Global Editora, 2023. – (Melhores poemas)

ISBN 978-65-5612-451-3

1. Pessoa, Fernando, 1888-1935 2. Poesia portuguesa I. Steen,
Edla van. II. Lopes, Teresa Rita. III. Título. IV. Série.

23-154026   CDD-869.1

Índices para catálogo sistemático:

1. Poesia : Literatura portuguesa 869.1

Henrique Ribeiro Soares - Bibliotecário - CRB-8/9314

Global Editora e Distribuidora Ltda.
Rua Pirapitingui, 111 – Liberdade
CEP 01508-020 – São Paulo – SP
Tel.: (11) 3277-7999
e-mail: global@globaleditora.com.br

Direitos reservados.
Colabore com a produção científica e cultural.
Proibida a reprodução total ou parcial desta
obra sem a autorização do editor.

Nº de Catálogo: **1607.POC**

Teresa Rita Lopes nasceu em 12/9/1937, em Faro, Portugal. Entre 1969 e 1982 viveu em Paris, França, onde foi professora na Universidade da Sorbonne-Nouvelle e defendeu a tese de doutoramento intitulada *Fernando Pessoa et le drame symboliste – héritage et création*, em 1975. É, desde 1979, professora catedrática de Literaturas Comparadas na Faculdade de Ciências Sociais e Humanas da Universidade Nova de Lisboa, em Lisboa, Portugal. Escreve poesia e contos desde sempre. Também dedica-se ao teatro, tendo mais de vinte peças escritas, algumas delas representadas em vários países: Portugal, França, Bélgica, Itália, Romênia e Alemanha. Consagrou-se, a partir de 1964, ao estudo da obra de Fernando Pessoa, tendo já sido responsável pela edição dos textos pessoanos presentes em edições portuguesas e brasileiras de primeira qualidade, todas reveladoras de seu trabalho sistemático e minucioso junto aos originais do célebre poeta português. Para a Global Editora, selecionou e prefaciou a antologia *Melhores poemas Fernando Pessoa* e atualmente vem assinando as edições recentes do escritor publicadas pela casa editorial, a saber: *Vida e obras de Alberto Caeiro*, *Vida e obras de Ricardo Reis*, *Vida e obras do Engenheiro Álvaro de Campos*, *Livro(s) do Desassossego* e *Poesia autónima* (2 volumes).

APRESENTAÇÃO

Transcorre, no dia 30 de novembro deste ano, 88 anos da morte de Fernando Pessoa. Ao desaparecer, com 47 anos (nascera em Lisboa, em 13 de junho de 1888), deixava um rico espólio, em prosa e verso, ainda longe de oferecer toda a sua genial dimensão. Se é muito cedo para se ter a medida completa de sua grandeza como ensaísta, no sentido mais lato do termo, como poeta nos deu evidências de que seria, ao fim de contas, o Supra--Camões que anunciara num escrito de juventude.

Para erguer seu insólito e complexo universo poético, Fernando Pessoa parte do fingimento e da íntima associação entre o pensar e o sentir, exprimindo-os em versos logo tornados verdadeiros emblemas: "O poeta é um fingidor./ Finge tão completamente/ Que chega a fingir que é dor/ A dor que deveras sente"; "O que em mim sente 'stá pensando".

Decorrência imediata desses postulados e outros dispersos por sua vasta obra poética e em prosa, constituindo um autêntico programa estético, é a criação dos heterônimos. Distinguindo-se dos pseudônimos, os heterô-nimos designam outras personalidades, arquitetadas e/ou descobertas pelo poeta dentro do seu *eu*, ou, nas suas próprias palavras, "várias personagens distintas entre si e de mim, personagens essas a que atribuí poemas vários que não são como eu, nos meus sentimentos e ideias, os escreveria". Ainda os chamou de "drama em gente", com isso desejando indicar o fundo teatral, ou dramático, dessa multiplicação em outros poetas, pondo *gente* em lugar de *atos* ou *cena*.

Tão autônomos quanto é possível imaginar, e tão solidários entre si pelo fato de serem produtos do mesmo cérebro, os heterônimos resulta-riam, ao ver de alguns estudiosos da obra pessoana, de profundas causas psicanalíticas. Sem afastar de todo essa hipótese, parece que o fenômeno da despersonalização ou simulação em heterônimos ganha em ser interpretado à luz da teoria do conhecimento: cada um deles corresponderia a uma visão do mundo, bastando para tal que o *eu* do poeta mudasse o ângulo a partir do qual divisava a realidade. Como se acionado por múltiplas e simultâneas perspectivas, Pessoa geraria outros poetas em número indeterminado. Mas, após certo momento, a superposição de perspectivas, no todo ou em parte, tornar-se-ia inevitável e mesmo previsível. Eis porque Fernando Pessoa se desdobrou em três heterônimos – Alberto Caeiro, Álvaro de Campos e Ricardo Reis, uma espécie de trinômio mágico ou de cosmovisões básicas – e uma legião de semi-heterônimos, como Bernardo Soares, Antônio Mora, Vicente Guedes etc.

Alberto Caeiro, o mestre desse "drama em gente" – drama no qual se inclui o Fernando Pessoa *ele mesmo*, como se autointitulava, para se diferenciar dos outros –, "viveu quase toda sua vida no campo", foi o "único poeta da Natureza", apenas fez o curso primário, é poeta e nada mais, *alma simples*, para quem "há metafísica bastante em não pensar em nada". Álvaro de Campos, engenheiro naval, é o vate moderno, whitmaniano, futurista, revoltado, expondo em largas odes a síntese de sua visão das coisas e, por certo, de toda a produção de Pessoa, como se este, por meio do heterônimo, revelasse o cerne de sua identidade perdida ou jamais construída. Ricardo Reis, médico de profissão, é o neoclássico, "pagão da decadência", nostálgico da harmonia universal, autor de odes epigramáticas onde um estoicismo magoado encontra no hedonismo contido sua mais reconfortante compensação.

A poesia que nasce desse jogo permanente de espelhos paralelos é da mais alta qualidade estética e filosófica, a par com a de Camões no espaço do Idioma, tornando o seu criador uma das mais sonoras vozes poéticas desta centúria. Poesia de acentos épicos, fascina pelo que diz das transformações culturais de nossos tempos e pela beleza sutil que irradia: fala por nós, fala de nós e fala de mundos que nossa ânsia de conhecimento não esgota, projetando-se num futuro ainda mais longe de chegar. Se, para os "navegadores antigos" como lembra Pessoa, "navegar é preciso; viver não é preciso", ler a sua poesia é preciso. Agora e sempre.

Massaud Moisés

PESSOA NA SUA PRÓPRIA PESSOA E NA PESSOA DOS SEUS OUTROS

Fazer uma antologia de Pessoa parece, à primeira vista, coisa fácil, porque todos os poemas são bons. Penso, contudo, que a função desta antologia não é compor um ramalhete de lindas flores, mas propor ao leitor-visitante um determinado itinerário que lhe permita internar-se sem se perder nesta "floresta amazônica". O risco de aí abrir caminhos arbitrários é grande – insignificantes lanhos de que a natureza selvagem se recomporá durante a noite.

Gostaria que esta viagem-apresentação de Pessoa funcionasse um pouco como uma viagem de helicóptero ou – se isso repugnar a algumas sensibilidades – como uma subida a um monte, a um qualquer miradouro que nos permita entrever, do alto, a totalidade da paisagem. Para os não iniciados, essa visão de conjunto permitiria saborear melhor os poemas por assim dizer percorridos a pé em futuras incursões. Recuso-me a dirigi-los e a protegê-los, a organizar para eles qualquer coisa de tão artificial como um safári para turistas. Quero deixá-los correr a aventura do corpo a corpo com o inesperado. Gostaria que esta minha proposta também pudesse suscitar o diálogo com os iniciados. Tentarei apresentar – sem superficializar! – esta obra a que o seu próprio autor chamou o "drama em gente". Fugi de simplificações, "papinha feita" para quem não tem dentes ou se quer poupar o trabalho da digestão. Inútil parafrasear Pessoa. Ele fala tão melhor de si próprio com a sua própria voz! Inútil analisar este ou aquele aspecto de sua obra, esta ou aquela personagem, esquecendo que são apenas falas de personagens que funcionam umas em relação às outras. Seria o mesmo que tentar descrever as rodinhas dentadas dum relógio, quando o que interessa é perceber como se harmonizam para fazer tique-taque!

1. CORAÇÃO DE NINGUÉM

Relógio ou coração, o problema é o mesmo: ouvir se bate, perceber a que corpo dá vida.

"Coração de ninguém" é o último verso do poema apresentado: "[Sonho. Não sei quem sou neste momento]". Assim aconteceu intitular, nesta antologia, a apresentação dos poemas que Pessoa assinou com o seu próprio nome.

Repetidas vezes ao longo de sua obra, Pessoa afirmou ser ninguém. "Sinto que sou ninguém salvo uma sombra [...]", escreveu. Uma sombra no plural – dirá, por outras palavras, noutros textos.

Subdividi em três partes esta primeira parte. A primeira visa a fazer assistir às experiências estéticas que conduziram Pessoa ao definitivo encontro com o poeta dramático, criador dos heterônimos que sempre nele habitaram. A segunda reúne poemas escritos ao longo da vida com um título *Cancioneiro* previsto por ele próprio. A terceira apresenta uma faceta de Pessoa, a épico-ocultista, que esse privilegiou: o único volume de poemas (em português) que publicou em vida, *Mensagem*, é estruturado por essa inspiração.

A primeira parte faz-nos assistir ao subir dessa escada, a que chamou Sensacionismo, e que teria, segundo afirmou, *três dimensões* – três degraus. Corresponde a uma experiência estética que realizou em parceria com Mário de Sá-Carneiro, como reconheceu. Batizou com nomes diferentes as três etapas que lhe atribuiu e para cada uma apresentou exemplos de obras de ambos. À primeira chamou Paulismo, designação derivada do poema "Impressões do crepúsculo", conhecido por "Pauis", primeira palavra do primeiro verso. Data de 1913 e documenta, como outro da mesma altura que também figura nesta antologia, "Hora absurda", a tentativa de fazer obra de criação a partir da herança – reconhecida por Pessoa – do Simbolismo recebido via França. Num gráfico que elaborou, essa dimensão é representada por uma linha reta entrecortada por vários traços verticais – representação visual duma afirmação: "todo o estado de alma é uma paisagem". Nesta primeira dimensão, também chamada "succedentista" (*sic*), os estados de alma sucedem-se na consciência – a linha reta.[1]

A sucessão das metáforas que constitui qualquer um desses poemas visa a realizar o projeto sensacionista: apresentar "não as coisas, mas as nossas sensações das coisas. A arte moderna é arte de sonho", declara Pessoa num escrito dessa época. E tira daí conclusões: "O poeta de sonho é geralmente um visual, um visual estético. O sonho é da vista geralmente". E é assim que nesses poemas o poeta se apresenta como contemplador passivo, através duma janela que viaja, dos seus estados de alma-paisagens.

O Interseccionismo impõe-nos a adaptação da afirmação anterior: todo o estado de alma é não apenas uma paisagem, mas a intersecção de duas paisagens.

O Sensacionismo a duas dimensões, chamado Interseccionismo, foi longamente exercitado na série de poemas que constitui "Chuva oblíqua", em que o poeta tenta traduzir a complexidade da sensação pela sobreposição de duas imagens – como duas fotografias tiradas com a mesma película.

Tentava Pessoa com essas experiências realizar uma poesia simultaneamente objetiva e subjetiva e, por isso, superior à do Simbolismo, que era só subjetiva – pretendia ele –, mas com a qual conservava inevitáveis traços de família. Numa série de artigos publicados dois anos antes, em que proclamava a grandeza da Nova Poesia Portuguesa – assim a chamou – e o próximo aparecimento do seu supremo vate, um Super-Camões, apontava Pessoa como principal característica de tal poesia a "imaginação", isto é, a sua capacidade de "pensar e sentir por imagens".

É nestas duas primeiras etapas da viagem sensacionista que se sente a parceria com Mário de Sá-Carneiro: a tentativa de metaforizar e mesmo alegorizar os estados de alma, quando não a própria alma, a presença da cor (ausente na posterior poesia de Pessoa) e, sobretudo, a presença de um *tu* feminino, mero suporte, no caso de Pessoa, do exercício poético de plasticizar o impalpável.

Mas o Interseccionismo, apesar de traduzir preocupações estéticas que se prendem ao Cubismo e a outras experiências plásticas (os "Contrastes Simultâneos", do casal Delaunay, por exemplo), acusa essa visão dupla que vai determinar toda a fase posterior da poesia de Pessoa.

Trata-se já do confronto entre os dois planos pelos quais o ser sofre dividir--se: a paisagem de fora, do *aqui* e *agora*, e a paisagem de dentro, a visão que o sonho descobre e que a cortina da realidade (a paisagem de fora) deixa apenas ver à transparência.

Mas depois de abandonado o projeto interseccionista e esse programa da Nova Poesia Portuguesa de "sentir por imagens", a paisagem do plano oculto perde a forma e a cor. Toda a presença passará a ser sinal duma ausência ilocalizável, não suscetível de ser pensada por imagens. A metáfora e a alegoria vão ceder lugar ao símbolo (que para os gregos queria dizer parte visível dum todo ausente). "Símbolos. Tudo símbolos..." vamos ouvi--lo, mais tarde, monologar pela voz de Campos, e afirmar categoricamente pela de Fausto: "tudo é símbolo e analogia"...

O Sensacionismo a três dimensões, também chamado de integral, é a revelação do poeta dramático, que aspira a ver-se, a todas as dimensões, na presença verdadeiramente independente de outras personagens. A obra de Pessoa apresentada como exemplo deste Sensacionismo integral é o poema dramático "O marinheiro", composto em 1913. Mas em breve e seguindo a divisa do Sensacionismo: "sentir tudo de todas as maneiras" ou, por outras palavras, "sê plural como o Universo!", o poeta vai projetar-se noutros seres que se tomarão, segundo afirma, mais reais que ele próprio.

O último capítulo desta primeira parte recolhe textos de *Mensagem*, o único livro que Pessoa organizou e publicou em vida, um ano antes de morrer. Apesar de ter sido objeto de muitas críticas e até de contestações, corresponde a um projeto que o acompanhou sempre – o de exaltar os mitos lusitanos dessa pátria que escolheu ter, na tentativa de saber "quem somos, na distância de nós", para poder saber quem é. Como Camões, chora a "apagada e vil tristeza" do presente – "Tudo é disperso, nada é inteiro", constata Pessoa. E clama: "Ó Portugal, hoje és nevoeiro..." Mas fecha esse poema, que é o último do livro, com a exortação: "É a hora!" De quê, não diz, mas outros versos do livro o deixam adivinhar: de recuperar uma grandeza que não é do domínio do Ter, mas do Ser, não territórios onde arvorar uma bandeira, mas uma dimensão da alma que se projeta para longe:

> *E outra vez conquistemos a distância*
> *Do mar ou outra, mas que seja nossa!*

2. NINGUÉM NO PLURAL

Ao longo de sua obra (ou da sua vida, o que para ele significava o mesmo), Pessoa repetiu, de variadas maneiras, a afirmação já citada: "Sinto que sou ninguém [...]".

E pela pena de Bernardo Soares, semi-heterônimo prosador (semi, porque "em prosa é mais difícil de se outrar"), por cuja interposta pessoa escreveu, ao longo da vida, o diário que em seu próprio nome não manteve, afirmou:

> *Cheguei hoje, de repente, a uma sensação absurda e justa. Reparei, num relâmpago íntimo, que não sou ninguém. Quando brilhou o relâmpago, aquilo onde supuz uma cidade era um plaino deserto; [...] Não sou ninguém, ninguém. Não sei sentir, não sei pensar, não sei querer. [...] Estou cahindo, depois do alçapão lá em cima, por todo o espaço infinito, numa queda sem direção, infinitupla e vazia. Minha alma é um maelstrom negro, vasta vertigem à roda de vácuo, movimento de um oceano infinito em torno de um buraco em nada, e nas águas que são mais gyro que águas boiam todas as imagens do que vi e ouvi no mundo – vão casas, caras, livros, caixotes, rastros de música e syllabas de vozes, num rodopio sinistro e sem fundo.*
> *E eu, verdadeiramente eu, sou o centro que não há nisto senão por uma geometria do abysmo; sou o nada em torno do qual este movimento gyra, só para que gyre, sem que esse centro exista senão porque todo o círculo o tem. Eu, verdadeiramente eu, sou o poço sem muros, mas com a viscosidade dos muros, o centro de tudo com o nada à roda.*[2]

Para se arrancar à atração do abismo no fundo do qual se sente Ser (obsessivamente repete: "eu, verdadeiramente eu, sou [...]"), para ter um corpo com que possa sentir, pensar, querer – incapacidade confessada no início deste texto – escapa-se, na vertical, para fora, "voa outro", expressão que usa para explicar o desdobramento heteronímico.

"Multipliquei-me para me sentir", afirma, desta vez pela voz de Campos.

13

Os outros, através dos quais se multiplica e se projeta para fora, são as paredes desse "poço sem muros" que confessa ser. Alberto Caeiro e Ricardo Reis dão-se mesmo as mãos para formar uma espécie de parapeito de proteção.

A criação dos heterônimos veio funcionar como uma saída do poço, no sentido contrário ao dessa atração do abismo, desse *centro do abismo* que, fora do espaço e do tempo, se sente Ser. Mas essa voz abissal que repete, como quem procura, "eu, verdadeiramente eu [...]" continua a ressoar, à procura de quem *verdadeiramente é*, por mais que Reis e Caeiro, na sua função de protetores, a tentem fazer calar.

É a voz do *eterno outro* que o impede de fruir a existência – para utilizar a expressão de um texto inédito, escrito antes do aparecimento dos heterônimos:

> *Isola-te e serás sereno e forte.*
> *Mas isola-te mesmo de ti próprio*
> *Senão terás em ti um outro eterno*
> *Que com seus olhos de te ver e ouvir*
> *Te quebrará em duas a tua alma*
> *E dar-te-á desunião ao pensamento.*

Creio que já se trata da voz de Ricardo Reis, se bem que Pessoa ainda o não tivesse – por assim dizer – dado à luz. Mas desde sempre a presença do *eterno outro*, responsável pela *desunião* da alma quebrada em duas (porque de fora se assiste *com seus olhos de (se) ver e ouvir*) é fonte permanente de desassossego.

A multiplicação por três (número da criação, da unidade, escreveu Pessoa) anulava, de certa maneira, a permanente divisão do ser em dois (número da vida, da desunião, como também indicou).

De fato, os heterônimos verdadeiramente acabados, a quem o seu autor reconhece existência própria, foram três: Alberto Caeiro, Ricardo Reis e Álvaro de Campos. Os outros (que muitos mais houve esboçados) não chegaram a separar-se inteiramente do seu criador como seres independentes; limitaram-se a ser, como ele próprio fez notar a respeito de Bernardo Soares, *semi-heterônimos, personalidades literárias*.

Atendendo a notas deixadas pelo próprio Pessoa, poderíamos estabelecer uma hierarquia entre os diferentes heterônimos em função do grau mais ou menos elevado de despersonalização que representam.

"Só me encontro quando de mim fujo", escreveu Pessoa. Mas esse fugir de si próprio, esse "voar outro" é para se procurar e encontrar afinal em seres cada vez mais afastados do ser *proscrito, exilado,* encarcerado no que chama *a prisão da personalidade.* É para chegar mais perto de Ser, ponto de referência inatingível. É para se conhecer ("fingir é conhecer-se", escreveu também), nesses que cria, não como meras personagens de ficção, mas como quem sonha e encarna, mediunicamente, outros que já foi:

> *Serei eu, porque nada é impossível,*
> *Vários trazidos doutros mundos, e*
> *No mesmo ponto espacial sensível*
> *Que sou eu, sendo eu por estar aqui?*

> *Serei eu, porque todo o pensamento*
> *Podendo conceber, bem pode ser,*
> *Um dilatado e múrmuro momento,*
> *De tempos-seres de quem sou o viver?*

Através do texto de Bernardo Soares, há pouco citado, temos a impressão de que a voz que fala se sente atraída por esse Ser que *é,* fora do espaço e do tempo, no fundo do abismo em que se sente caindo. Esse *poço* de que fala, sem muros, tem a forma de um sorvedouro, duma espiral. Pessoa, segundo Campos, é um "novelo enrolado para dentro" – adequada metáfora para figurar esse sorvedouro, espiral a descer. Quando Pessoa escreve em seu próprio nome, procura-se, descendo.

Mas quando *voa outros* sobe, continua para fora a espiral. Em vez de retroceder para o Ser, ilocalizável, projeta-se em frente, para fora. Pessoa tenta, nos poemas escritos em seu próprio nome, regressar ao Sonhador Supremo – *somos todos sonhos dum sonhador ignoto...* Mas esse sonhador – que essa capacidade de criar pelo sonho transforma em deus – é, por sua vez, o sonho de um outro sonhador ("Deus é a sua sombra") e sempre assim, até ao infinito.

Em vez de descer essa "escada absoluta sem degraus", Pessoa arranca-se à força centrífuga do sorvedouro e projeta-se para fora de si num parto múltiplo, por assim dizer. De sonho que se sente ser de *alguém de fora de (si)*, torna-se sonhador também, pai de sonhos, à semelhança desse deus desconhecido de quem porventura é filho.

O objetivo continua a ser o mesmo: atingir a unidade. Só que, neste caso, o caminho é o da pluralidade:

> *E como são estilhaços*
> *Do ser as coisas dispersas*
> *Quebro a alma em pedaços*
> *E em pessoas diversas* – afirma Pessoa.

E num texto em prosa escreve:

> *Acalento a esperança de algum dia, depois de morrer, me encontrar na sua presença real, na presença dos poucos filhos que até aqui criei, e espero achá-los belos na sua imortalidade de orvalho.*

2.1. Álvaro de Campos

O que está mais perto do ser em sofrimento que Pessoa em seu próprio nome confessa ser é Álvaro de Campos. Até fisicamente é o retrato (melhorado...) de Pessoa, se atendermos às indicações dadas por esse na célebre carta a Adolfo Casais Monteiro: "tipo de judeu português, alto (mais dois centímetros do que eu...) e tendente a curvar-se". Como Pessoa, viveu no estrangeiro ("Vê-se – dizem – que tenho vivido no estrangeiro"), fez viagens de longo curso (em "Opiário", "Passagem das horas", "Ode marítima"). É dele que se serve para fingir a dor que deveras sente (utilizando a expressão de Pessoa no poema "Autopsicografia"). Como Pessoa, sofre a tortura de se sentir agrilhoado ao seu *eterno outro*, isto é: de ser sempre simultaneamente dois. E, como ele, tenta a libertação de se desdobrar em vários.

A qualidade verdadeiramente dramática dos monólogos de Campos vem de que ele põe em cena, por assim dizer, essa difícil relação do ser partido em dois. "Tabacaria" e "Ode marítima" são, diferentemente, dois bons exemplos desse jogo dramático: do eu que inventa e invoca o eu que põe a representar no palco dum poema, no *aqui* e *agora* duma situação. "Como os que invocam espíritos invocam espíritos invoco/ A mim mesmo, e não encontro nada". – confessa esse *eterno outro* no poema "Tabacaria". Neste poema, esses outros, na pele de quem ele se quer evadir da *condenação ao degredo* que diz sentir pesar-lhe em cima, não se manifestam. Mas o poema não é por isso menos dramático: faz-nos assistir ao defasamento do *eterno outro* que, de fora, assiste ao comportamento desse que se vê ser e o comenta: "ser perplexo, [...] dividido entre a lealdade que devo/ À Tabacaria do outro lado da rua, como coisa real por fora,/ E à sensação de que tudo é sonho, como coisa real por dentro".

Na "Ode marítima" três personagens diferentes acorrem sucessivamente à invocação feita pelo *eterno outro* que, quando a linguagem se torna gesto e grito, consegue fazer corpo com essa personagem – ator (de que é *medium* – encenador). A primeira personagem a produzir-se nesse palco em que se tornou foi o Grande Pirata que encarna a violência do *estar,* levada às suas últimas consequências, mas que em breve concede o lugar a uma presença que é o seu contrário, "vinda de além da aparência das coisas". "O grito eterno e noturno, o sopro fundo e confuso" da "Voz Absoluta, a Voz sem Boca". Uma terceira personagem virá, finalmente, produzir-se nesse palco: a do homem comum que (como diz num outro poema figurado nesta antologia: "[Mestre, meu mestre querido!]") "dorme sono,/ Que come comida,/ Que bebe bebida, e por isso tem alegria". E é o *eterno outro* que fecha melancolicamente o espetáculo, mostrando o palco vazio donde as ficções desapareceram – "a hora real e nua como um cais já sem navios".

Disse que Campos se multiplica, como Pessoa, precisamente para anular a permanente divisão do ser: "Quanto mais eu sinta como várias pessoas,/ Quanto mais personalidade[3] eu tiver,/ Quanto mais intensamente, estridente as tiver,/ [...]/ Mais análogo serei a Deus, seja ele quem for".

Tentei dar nesta antologia exemplos desses três sub-heterônimos nos quais Campos se divide, ou melhor, pelos quais se multiplica. Pessoa, na carta citada a A. C. Monteiro, afirma que Álvaro de Campos se manifestou pela primeira vez através da "Ode triunfal". Costuma apresentar-se esse poema como exemplo do futurismo de Pessoa. Mas é preciso notar que ele não se limita a ser (como "Manucure" de Mário de Sá-Carneiro) um poema à maneira futurista – é a encenação duma personagem futurista que o *eterno outro*, o que cria e comenta a ficção, instala numa situação cara aos futuristas: o homem moderno, um técnico, cantando outro tipo de beleza, "totalmente desconhecida dos antigos", que não é harmonia clássica nem a sentimentalidade romântica, mas o culto da energia dos "maquinismos em fúria". Mas o poeta, o *cantor*, não está inteiro nesse canto: entre parêntesis, durante uma estrofe inteira, manifesta-se o avesso noturno dessa personagem solar, exuberante. Dir-se-ia que, para dar mais saliência e brilho à personagem extrovertida, *o outro*, o criador-encenador, não deixa de dar essa pincelada sombria de um Campos situado nos antípodos desse: o insone noturno, como Pessoa, o tal "novelo enrolado para o lado de dentro".

Esse último Campos manifesta-se numa ode datada do mesmo mês de junho de 1914 da "Ode triunfal": "Dois excertos de odes". É o Campos crepuscular que busca repouso no regaço côncavo da noite e do mar. Através dessa personagem noturna, Pessoa finge pela vida fora a sua própria dor. É o que lhe exige o menor esforço de despersonalização.

O Campos, personagem futurista (sensacionista, expressão inventada por Pessoa) manifestou-se de forma relativamente episódica – além da "Ode triunfal", assina, por assim dizer, uma das três personagens-painel da "Ode marítima". Mas o poeta sensacionista, discípulo de Caeiro (porque voltado para o exterior, para o dia, para o que *existe*) confessa (no poema "[Mestre, meu mestre querido!]") a sua incapacidade de viver a lição do Mestre. E quando em poemas como "Lisbon revisited" (1923) nos faz assistir à linguagem enérgica duma personagem por assim dizer convexa, forçando-se a desembrulhar para fora, agressivamente, o novelo embrulhado das suas tensões, esqueceu inteiramente o seu passageiro entusiasmo futurista pelo Progresso.

Incluí nesta antologia quatro poemas do que chamarei Campos-poeta-Decadente: os quatro primeiros, todos escritos em verso rimado, regularmente divididos em estrofes (dos três Campos considerados, é o único que assim se exprime). Segundo Pessoa, esse Campos ter-lhe-ia custado um duplo esforço de despersonalização: não só o de se manifestar como uma personagem chamada Álvaro de Campos, que se lhe revelara através da "Ode triunfal", mas ainda o de imaginar esse Campos especial de antes do encontro decisivo com Caeiro de que o próprio Álvaro de Campos fala no poema apresentado: "[Mestre, meu mestre querido!]":

> *Prouvera ao Deus ignoto que eu ficasse sempre aquêle*
> *Poeta decadente, estupidamente pretensioso,*
> *Que poderia ao menos vir a agradar,*
> *E não surgisse em mim a pavorosa ciência de ver.*
> *Para que me tornaste eu? Deixasses-me ser humano!*

Esse pretensioso poeta Decadente, imbuído de cultura francesa (Pessoa declara ter vivido durante o que chama a sua "terceira adolescência" na convivência dos Decadentes franceses), é o que declara no poema "Opiário", aqui apresentado:

> *Gostava de ter poemas e novelas*
> *Publicadas por Plon e no Mercure.*[4]

2.2. Ricardo Reis

Para fugir de fato a si próprio – e poder assim encontrar-se... – Pessoa concebeu Caeiro e Reis, dois seres que não pertencem ao universo espiritual do Cristianismo e de todas as culturas que dele decorrem, dois seres pagãos tentando a serenidade de simplesmente *estar* e de, como os deuses, ser *apenas o seu exterior* – ou, por outras palavras, isto é, por outros versos, não terem "corpo e alma mas só corpo". Sendo, por isso, "perfeitos". Segundo Reis, os deuses são superiores porque não tentam descortinar o que existe para além da aparência das coisas, não tentam ver em cada coisa sinal dum além, isto é, um símbolo (parte sensível dum todo oculto).

"Para os deuses as coisas são mais coisas", diz Ricardo Reis. E acrescenta:

> *Não mais longe eles veem, mas mais claro*
> *Na certa Natureza*

E a contornada vida...
[...]
Aprende, pois, tu, das cristãs angústias,
Ó traidor da multíplice presença
Dos deuses, a não teres
Véus nos olhos nem na alma.

Ricardo Reis aparece como um coadjuvante do Mestre Caeiro, o que exprime com simplicidade infantil, numa linguagem oral, esses preceitos a que Reis dará a forma disciplinada, tensa, duma ode clássica. Ajuda Caeiro na difícil tarefa de curar os discípulos, "animais doentes" como todos os homens, mas, enquanto que o Mestre comunica a sua natural sabedoria com maternal naturalidade de regaço, Reis funciona, por assim dizer, como uma presença paternal: rígida, normativa, disciplinadora. Trata-se, aliás, duma autodisciplina: é o seu próprio medo, afinal, de viver e de morrer que Reis tenta dominar. Assistimos ao seu esforço para fruir o *estar* (ouvindo ao longe o murmúrio noturno e inquietante do Ser) para gozar a vida, "como a vida que os deuses nos concedem/ Para esquecer o estio", mas pressentindo a mão do "barqueiro sombrio", pousada no seu ombro, intimando-o já a entrar na fatal barca. Não aprendeu a morrer *como o dia morre,* como Caeiro ensina. À semelhança de Campos (nomeadamente em "Demogorgon") agarra-se, com a aflição de um afogado, ao lado de fora, ao Estar na vida quando sente a aproximação da morte, que o faz exclamar:

Lídia, a vida mais vil
Antes que a morte
Que desconheço, quero.

Reis confessa pressentir que acima de sua cabeça "agem outras presenças", da mesma forma que reconhece que há outros *eus* a quererem manifestar-se nesse *lugar* que se sente ser.

Vivem em nós inúmeros
Se penso ou sinto, ignoro
Quem é que pensa ou sente.

Sou somente o lugar
Onde se sente ou pensa.

Mas, ao contrário de todos esses outros das "cristãs angústias" que quer ajudar a tratar, reivindica a sua superioridade, a sua unidade, e fá-los calar:

Tenho mais almas que uma.
Há mais eus do que eu mesmo.
Existo todavia
Indiferente a todos.
Faço-os calar: eu falo.

2.3. Alberto Caeiro

Segundo Álvaro de Campos, Caeiro é mais do que pagão: é o próprio paganismo. É o único que nunca se desdobra, que se mantém uno, conseguindo assim realizar o preceito exposto no poema citado para eliminar o *eterno outro* e manter-se isolado, "sereno e forte". Por isso é o Mestre. *Cirurgião* lhe chamaram também os seus discípulos, porque os quer operar a todos do apêndice da alma – para serem, como os deuses, apenas corpo, tendo *a divindade na própria carne divina*. Por isso a receita é tão simples: "Não pensar, porque pensar é estar doente dos olhos; ver, apenas ver".

Caeiro ocupa o degrau mais alto da despersonalização, o que está mais perto da inocência cósmica. Por isso representa para os seus discípulos "uma infância e uma libertação". Também lhe chamaram *bálsamo*. Pretende ser, como a Ceifeira (do poema apresentado "[Ela canta, pobre ceifeira]"), uma presença de serena alegria, de "alegre inconsciência". Elevar o seu hino à vida, cumprir-se como um pássaro canta, *sem razão* ("canta, canta sem razão [...]"). "Basta existir para ser completo", afirma Caeiro. Possui, como a Ceifeira, o maior dom: o da alegria. Todos os discípulos são tristes. Por isso eles lhe chamam *bálsamo* – esse bálsamo que o canto da Ceifeira derrama no coração do poeta: "Derrama no meu coração/ A tua incerta voz ondeando!".

Caeiro foi criado para encarnar a saúde do "mais perfeito dos animais", a ingenuidade dos meninos e o regaço imenso da Mãe Terra, preservadora da vida em vários mitos contra as humanas iras dos deuses machos seus esposos. Tem essa "argumentação [...] infantil e feminina" que Campos lhe atribui, porque não raciocina para procurar aquilo que a mente nunca logrará atingir. E tem essa capacidade feminina de ser simultaneamente abissal e fecunda, solar e alegre.

Caeiro vive no alto dum monte e apascenta, metaforicamente, sensações. É um caminho a subir, no sentido inverso dessa atração do *poço de negro lume* em que Pessoa (em seu próprio nome) confessa *afundar-se para Deus*. Caeiro representa uma chamada à superfície do "claro dia exterior".

> *Quando é que eu serei da tua cor*
> *Do teu plácido e azul encanto*
> *Ó claro dia exterior.* – anseia Pessoa num poema.

Caeiro é dessa cor e desse encanto. É o único a quem o seu criador (na citada carta a A. C. Monteiro) atribui cor aos olhos: azuis, precisamente.

Caeiro foi desejado, *sonhado* para reconciliar o homem, a que chama "animal doente", com o "dia exterior", com o lado de fora de tudo, e com o corpo, que o representa ("A Natureza não tem dentro, senão não era Natureza"). Tentou – em vão! – puxar para fora a ponta desse "novelo enrolado para dentro" que Pessoa sofre ser e que são todas essas personagens que fingem a sua própria dor.

Tenho de deixar de lado nesta antologia a verdadeira ação do que Pessoa chamou o "drama em gente": as relações que criador e criaturas mantêm entre si ao longo duma obra-vida. Apesar de Pessoa convidar, permanentemente, o seu público a tornar-se espectador-encenador e a imaginar o jogo cênico dessas vozes que dispersamente nos chegam.[5]

Teresa Rita Lopes

VIDA

Apetecia-me dizer de Pessoa o que Caeiro disse de si próprio:

Se depois de eu morrer, quiserem escrever a minha biografia
Não há nada mais simples
Tem só duas datas – a de minha nascença e a de minha morte.
Entre uma e outra todos os dias são meus.

Nasceu a 13 de junho de 1888, em Lisboa, às 3 horas da tarde (para o caso de lhe quererem fazer o horóscopo...).

Morreu a 30 de novembro de 1935, no Hospital S. Luís, em Lisboa.

Entre as duas datas viveu essencialmente *na pessoa de outros* (adaptando a expressão com que define o seu modo de "sentir dramaticamente").

Apenas alguns dados, quem sabe, significativos:

Perdeu o pai aos cinco anos e, um pouco (talvez muito) a mãe, dois anos depois, quando essa se casou com um português residente em Durban (África do Sul), para onde ambos embarcaram em janeiro de 1896. Fez aí os estudos primários e secundários, em inglês. Em 1905, decidiu ser cidadão da língua portuguesa e partiu, sozinho (a mãe, o padrasto e os três irmãos ficaram). Nunca mais arredou pé de Lisboa ("Lisboa, meu lar!") até à morte.

Questão inevitável: que fazia para viver? Isto é, para sobreviver. Fazia traduções comerciais nos escritórios da baixa lisboeta (creio que o Bernardo Soares, guarda-livros de profissão nessas ruas pacatas, lhe dava uma mãozinha...).

Não casou, não teve filhos, não quis tirar curso, não quis muitas outras coisas. E escrevia muito pouco sobre a sua própria pessoa, precisamente porque encarregou os seus *outros* de viverem em seu lugar.

OBRA

Na data de sua morte tinha publicado apenas um verdadeiro volume – *Mensagem* – 1934.

Como aponta José Blanco na sua "Bibliographie Selective" (*In: Fernando Pessoa – Poète Pluriel*, Paris: Ed. Centre Georges Pompidou et La Différence, 1985, p. 331), deixou dispersos em jornais e revistas cerca de trezentos poemas e 130 textos em prosa. A publicação póstuma da obra, começada em 1942, compreende 11 volumes de poemas (cerca de 1200) e 15 volumes de prosa (num total de 3555 páginas). Há que contar com os cerca de 25 mil documentos inéditos depositados hoje na Biblioteca Nacional de Lisboa.

Dada a vastidão das obras do autor, postumamente publicadas, e das obras sobre o autor, remeto o leitor à obra exaustiva, de José Blanco: *Fernando Pessoa – Esboço de uma bibliografia*. Lisboa: Imprensa Nacional – Casa da Moeda, 1983.

Limitar-me-ei a indicar duas edições completas de sua obra poética (isto é, quase... há que contar com os inéditos). Uma organizada em Lisboa pela Editora Ática (11 volumes até hoje, sendo o primeiro de 1942) e outra no Rio de Janeiro (*Obra poética* – num só volume, da Ed. José Aguilar, cuja 1ª edição é de 1960).

POEMAS

POEMAS

1. CORAÇÃO DE NINGUÉM

1.1. AO SEU PRÓPRIO ENCONTRO

IMPRESSÕES DO CREPÚSCULO

29/3/1913

Pauis de roçarem ânsias pela minh'alma em ouro...
Dobre longínquo de Outros Sinos... Empalidece o louro
Trigo na cinza do poente... Corre um frio carnal por minh'alma...
Tão sempre a mesma, a Hora!... Balouçar de cimos de palma!...
Silêncio que as folhas fitam em nós... Outono delgado
Dum canto de vaga ave... Azul esquecido em estagnado...
Oh que mudo grito de ânsia põe garras na Hora!
Que pasmo de mim anseia por outra coisa que o que chora!
Estendo as mãos para além, mas ao estendê-las já vejo
Que não é aquilo que quero aquilo que desejo...
Címbalos de Imperfeição... Ó tão antiguidade
A Hora expulsa de si-Tempo! Onda de recuo que invade
O meu abandonar-me a mim próprio até desfalecer,
E recordar tanto o Eu presente que me sinto esquecer!...
Fluido de auréola, transparente de Foi, oco de ter-se...
O Mistério sabe-me a eu ser outro... Luar sobre o não conter-se...
A sentinela é hirta – a lança que finca no chão
É mais alta do que ela... Para que é tudo isto... Dia chão...
Trepadeiras de despropósito lambendo de Hora os Aléns...
Horizontes fechando os olhos ao espaço em que são elos de erro...
Fanfarras de ópios de silêncios futuros... Longes trens...
Portões vistos longe... através de árvores... tão de ferro!

HORA ABSURDA

4/7/1913

O teu silêncio é uma nau com todas as velas pandas...
Brandas, as brisas brincam nas flâmulas, teu sorriso...
E o teu sorriso no teu silêncio é as escadas e as andas
Com que me finjo mais alto e ao pé de qualquer paraíso...

Meu coração é uma ânfora que cai e que se parte...
O teu silêncio recolhe-o e guarda-o, partido, a um canto...
Minha ideia de ti é um cadáver que o mar traz à praia..., e entanto
Tu és a tela irreal em que erro em cor a minha arte...

Abre todas as portas e que o vento varra a ideia
Que temos de que um fumo perfuma de ócio os salões...
Minha alma é uma caverna enchida p'la maré cheia,
E a minha ideia de te sonhar uma caravana de histriões...

Chove ouro baço, mas não no lá-fora... É em mim... Sou a Hora,
E a Hora é de assombros e toda ela escombros dela...
Na minha atenção há uma viúva pobre que nunca chora...
No meu céu interior nunca houve uma única estrela...

Hoje o céu é pesado como a ideia de nunca chegar a um porto...
A chuva miúda é vazia... A Hora sabe a ter sido...
Não haver qualquer coisa como leitos para as naus!... Absorto
Em se alhear de si, teu olhar é uma praga sem sentido...

Todas as minhas horas são feitas de jaspe negro,
Minhas ânsias todas talhadas num mármore que não há,
Não é alegria nem dor esta dor com que me alegro,
E a minha bondade inversa não é nem boa nem má...

Os feixes dos lictores abriram-se à beira dos caminhos...
Os pendões das vitórias medievais nem chegaram às cruzadas...
Puseram in-fólios úteis entre as pedras das barricadas...
E a erva cresceu nas vias férreas com viços daninhos...

Ah, como esta hora é velha!... E todas as naus partiram!
Na praia só um cabo morto e uns restos de vela falam
De Longe, das horas do Sul, de onde os nossos sonhos tiram
Aquela angústia de sonhar mais que até para si calam...

O palácio está em ruínas... Dói ver no parque o abandono
Da fonte sem repuxo... Ninguém ergue o olhar da estrada
E sente saudades de si ante aquele lugar-outono...
Esta paisagem é um manuscrito com a frase mais bela cortada...

A doida partiu todos os candelabros glabros,
Sujou de humano o lago com cartas rasgadas, muitas...
E a minha alma é aquela luz que não mais haverá nos candelabros...
E que querem ao lago aziago minhas ânsias, brisas fortuitas?...

Por que me aflijo e me enfermo?... Deitam-se nuas ao luar
Todas as ninfas... Veio o sol e já tinham partido...
O teu silêncio que me embala é a ideia de naufragar,
E a ideia de a tua voz soar a lira dum Apolo fingido...

Já não há caudas de pavões todas olhos nos jardins de outrora...
As próprias sombras estão mais tristes... Ainda
Há rastros de vestes de aias (parece) no chão, e ainda chora
Um como que eco de passos pela alameda que eis finda...

Todos os ocasos fundiram-se na minha alma...
As relvas de todos os prados foram frescas sob meus pés frios...
Secou em teu olhar a ideia de te julgares calma,
E eu ver isso em ti é um porto sem navios...

Ergueram-se a um tempo todos os remos... Pelo ouro das searas
Passou uma saudade de não serem o mar... Em frente
Ao meu trono de alheamento há gestos com pedras raras...
Minha alma é uma lâmpada que se apagou e ainda está quente...

Ah, e o teu silêncio é um perfil de píncaro ao sol!
Todas as princesas sentiram o seio oprimido...
Da última janela do castelo só um girassol
Se vê, e o sonhar que há outros põe brumas no nosso sentido...

Sermos, e não sermos mais!... Ó leões nascidos na jaula!...
Repique de sinos para além, no Outro Vale... Perto?...
Arde o colégio e uma criança ficou fechada na aula...
Por que não há de ser o Norte o Sul?... O que está descoberto?...

E eu deliro... De repente pauso no que penso... Fito-te
E o teu silêncio é uma cegueira minha... Fito-te e sonho...
Há coisas rubras e cobras no modo como medito-te,
E a tua ideia sabe à lembrança de um sabor de medonho...

Para que não ter por ti desprezo? Por que não perdê-lo?...
Ah, deixa que eu te ignore... O teu silêncio é um leque –
Um leque fechado, um leque que aberto seria tão belo, tão belo,
Mas mais belo é não o abrir, para que a Hora não peque...

Gelaram todas as mãos cruzadas sobre todos os peitos...
Murcharam mais flores do que as que havia no jardim...
O meu amar-te é uma catedral de silêncios eleitos,
E os meus sonhos uma escada sem princípio mas com fim...

Alguém vai entrar pela porta... Sente-se o ar sorrir...
Tecedeiras viúvas gozam as mortalhas de virgens que tecem...
Ah, o teu tédio é uma estátua de uma mulher que há de vir,
O perfume que os crisântemos teriam, se o tivessem...

É preciso destruir o propósito de todas as pontes,
Vestir de alheamento as paisagens de todas as terras,

Endireitar à força a curva dos horizontes,
E gemer por ter de viver, como um ruído brusco de serras...

Há tão pouca gente que ame as paisagens que não existem!...
Saber que continuará a haver o mesmo mundo amanhã – como nos
[desalegra!...
Que o meu ouvir o teu silêncio não seja nuvens que atristem
O teu sorriso, anjo exilado, e o teu tédio, auréola negra...

Suave, como ter mãe e irmãs, a tarde rica desce...
Não chove já, e o vasto céu é um grande sorriso imperfeito...
A minha consciência de ter consciência de ti é uma prece,
E o meu saber-te a sorrir é uma flor murcha a meu peito...

Ah, se fôssemos duas figuras num longínquo vitral!...
Ah, se fôssemos as duas cores de uma bandeira de glória!...
Estátua acéfala posta a um canto, poeirenta pia batismal,
Pendão de vencidos tendo escrito ao centro este lema – *Vitória!*

O que é que me tortura?... Se até a tua face calma
Só me enche de tédios e de ópios de ócios medonhos...
Não sei... Eu sou um doido que estranha a sua própria alma...
Eu fui amado em efígie num país para além dos sonhos...

CHUVA OBLÍQUA

8/3/1914

I

Atravessa esta paisagem o meu sonho dum porto infinito
E a cor das flores é transparente de as velas de grandes navios
Que largam do cais arrastando nas águas por sombra
Os vultos ao sol daquelas árvores antigas...

O porto que sonho é sombrio e pálido
E esta paisagem é cheia de sol deste lado...
Mas no meu espírito o sol deste dia é porto sombrio
E os navios que saem do porto são estas árvores ao sol...

Liberto em duplo, abandonei-me da paisagem abaixo...
O vulto do cais é a estrada nítida e calma
Que se levanta e se ergue como um muro,
E os navios passam por dentro dos troncos das árvores
Com uma horizontalidade vertical,
E deixam cair amarras na água pelas folhas uma a uma dentro...

Não sei quem me sonho...
Súbito toda a água do mar do porto é transparente
E vejo no fundo, como uma estampa enorme que lá estivesse
                                                    [desdobrada,
Esta paisagem toda, renque de árvore, estrada a arder em aquele
                                                    [porto,
E a sombra duma nau mais antiga que o porto que passa
Entre o meu sonho do porto e o meu ver esta paisagem
E chega ao pé de mim, e entra por mim dentro,
E passa para o outro lado da minha alma...

II

Ilumina-se a igreja por dentro da chuva deste dia,
E cada vela que se acende é mais chuva a bater na vidraça...
Alegra-me ouvir a chuva porque ela é o templo estar aceso,
E as vidraças da igreja vistas de fora são o som da chuva ouvido por
[dentro...

O esplendor do altar-mor é o eu não poder quase ver os montes
Através da chuva que é ouro tão solene na toalha do altar...

Soa o canto do coro, latino e vento a sacudir-me a vidraça
E sente-se chiar a água no fato de haver coro...

A missa é um automóvel que passa
Através dos fiéis que se ajoelham em hoje ser um dia triste...
Súbito vento sacode em esplendor maior
A festa da catedral e o ruído da chuva absorve tudo
Até só se ouvir a voz do padre água perder-se ao longe
Com o som de rodas de automóvel...

E apagam-se as luzes da igreja
Na chuva que cessa...

III

A Grande Esfinge do Egito sonha por este papel dentro...
Escrevo – e ela aparece-me através da minha mão transparente
E ao canto do papel erguem-se as pirâmides...

Escrevo – perturbo-me de ver o bico da minha pena
Ser o perfil do rei Quéops...
De repente paro...
Escureceu tudo... Caio por um abismo feito de tempo...

Estou soterrado sob as pirâmides a escrever versos à luz clara deste
[candeeiro

E todo o Egito me esmaga de alto através dos traços que faço com
[a pena...
Ouço a Esfinge rir por dentro
O som da minha pena a correr no papel...
Atravessa o eu não poder vê-la uma mão enorme,

Varre tudo para o canto do teto que fica por detrás de mim,
E sobre o papel onde escrevo, entre ele e a pena que escreve
Jaz o cadáver do rei Quéops, olhando-me com olhos muito abertos,
E entre os nossos olhares que se cruzam corre o Nilo
E uma alegria de barcos embandeirados erra
Numa diagonal difusa
Entre mim e o que eu penso...

Funerais do rei Quéops em ouro velho e Mim!...

IV

Que pandeiretas o silêncio deste quarto!...
As paredes estão na Andaluzia...
Há danças sensuais no brilho fixo da luz...
De repente todo o espaço para...,
Para, escorrega, desembrulha-se...,
E num canto do teto, muito mais longe do que ele está,
Abrem mãos brancas janelas secretas
E há ramos de violetas caindo
De haver uma noite de Primavera lá fora
Sobre o eu estar de olhos fechados...

V

Lá fora vai um redemoinho de sol os cavalos do *carroussel*...
Árvores, pedras, montes bailam parados dentro de mim...
Noite absoluta na feira iluminada, luar no dia de sol lá fora,
E as luzes todas da feira fazem ruídos dos muros do quintal...

Ranchos de raparigas de bilha à cabeça
Que passam lá fora, cheias de estar sob o sol,
Cruzam-se com grandes grupos peganhentos de gente que anda na
[feira,
Gente toda misturada com as luzes das barracas, com a noite e com
[o luar,
E os dois grupos encontram-se e penetram-se
Até formarem só um que é os dois...
A feira e as luzes da feira e a gente que anda na feira,
E a noite que pega na feira e a levanta no ar,
Andam por cima das copas das árvores cheias de sol,
Andam visivelmente por baixo dos penedos que luzem ao sol,
Aparecem do outro lado das bilhas que as raparigas levam à cabeça,
E toda esta paisagem de primavera é a lua sobre a feira,
E toda a feira com ruídos e luzes é o chão deste dia de sol...

De repente alguém sacode esta hora dupla como numa peneira
E, misturado, o pó das duas realidades cai
Sobre as minhas mãos cheias de desenhos de portos
Com grandes naus que se vão e não pensam em voltar...
Pó de oiro branco e negro sobre os meus dedos...
As minhas mãos são os passos daquela rapariga que abandona a feira,
Sozinha e contente como o dia hoje...

VI

O maestro sacode a batuta,
E lânguida e triste a música rompe...

Lembra-me a minha infância, aquele dia
Em que eu brincava ao pé dum muro de quintal
Atirando-lhe com uma bola que tinha dum lado
O deslizar dum cão verde, e do outro lado
Um cavalo azul a correr com um *jockey* amarelo...

Prossegue a música, e eis na minha infância
De repente entre mim e o maestro, muro branco,
Vai e vem a bola, ora um cão verde,
Ora um cavalo azul com um *jockey* amarelo...

Todo o teatro é o meu quintal, a minha infância
Está em todos os lugares, e a bola vem a tocar música,
Uma música triste e vaga que passeia no meu quintal
Vestida de cão verde tornando-se *jockey* amarelo...
(Tão rápida gira a bola entre mim e os músicos...)

Atiro-a de encontro à minha infância e ela
Atravessa o teatro todo que está aos meus pés
A brincar com um *jockey* amarelo e um cão verde
E um cavalo azul que aparece por cima do muro
Do meu quintal... E a música atira com bolas
À minha infância... E o muro do quintal é feito de gestos
De batuta e rotações confusas de cães verdes
E cavalos azuis e *jockeys* amarelos...

Todo o teatro é um muro branco de música
Por onde um cão verde corre atrás de minha saudade
Da minha infância, cavalo azul com um *jockey* amarelo...

E dum lado para o outro, da direita para a esquerda,
Donde há árvores e entre os ramos ao pé da copa
Com orquestras a tocar música,
Para onde há filas de bolas na loja onde a comprei
E o homem da loja sorri entre as memórias da minha infância...

E a música cessa como um muro que desaba,
A bola rola pelo despenhadeiro dos meus sonhos interrompidos,
E do alto dum cavalo azul, o maestro, *jockey* amarelo tornando-se
                                                    [preto,
Agradece, pousando a batuta em cima da fuga dum muro,
E curva-se, sorrindo, com uma bola branca em cima da cabeça,
Bola branca que lhe desaparece pelas costas abaixo...

1.2. CANCIONEIRO

AUTOPSICOGRAFIA

1/4/1931

O poeta é um fingidor.
Finge tão completamente
Que chega a fingir que é dor
A dor que deveras sente.

E os que leem o que escreve,
Na dor lida sentem bem,
Não as duas que ele teve,
Mas só a que eles não têm.

E assim nas calhas de roda
Gira, a entreter a razão,
Esse comboio de corda
Que se chama o coração.

ISTO

1/4/1931

Dizem que finjo ou minto
Tudo que escrevo. Não.
Eu simplesmente sinto
Com a imaginação.
Não uso o coração.

Tudo o que sonho ou passo,
O que me falha ou finda,
É como que um terraço
Sobre outra coisa ainda.
Essa coisa é que é linda.

Por isso escrevo em meio
Do que não está ao pé,
Livre do meu enleio,
Sério do que não é.
Sentir? Sinta quem lê!

9/11/1932

Não meu, não meu é quanto escrevo.
A quem o devo?
De quem sou o arauto nado?
Por que, enganado,
Julguei ser meu o que era meu?
Que outro mo deu?
Mas, seja como for, se a sorte
For eu ser morte
De uma outra vida que em mim vive,
Eu, o que estive
Em ilusão toda esta vida
Aparecida,
Sou grato Ao que do pó que sou
Me levantou.
(E me fez nuvem um momento
De pensamento.)
(Ao de quem sou, erguido pó,
Símbolo só.)

PASSOS DA CRUZ

6/1/1923

X

Aconteceu-me do alto do infinito
Esta vida. Através de nevoeiros,
Do meu próprio ermo ser fumos primeiros,
Vim ganhando, e através estranhos ritos

De sombra e luz ocasional, e gritos
Vagos ao longe, e assomos passageiros
De saudade incógnita, luzeiros
De divino, este ser fosco e proscrito...

Caiu chuva em passados que fui eu.
Houve planícies de céu baixo e neve
Nalguma cousa de alma do que é meu.

Narrei-me à sombra e não me achei sentido.
Hoje sei-me o deserto onde Deus teve
Outrora a sua capital de olvido...

XI

Não sou eu quem descrevo. Eu sou a tela
E oculta mão colora alguém em mim.
Pus a alma no nexo de perdê-la
E o meu princípio floresceu em Fim.

Que importa o tédio que dentro em mim gela,
E o leve Outono, e as galas, e o marfim,
E a congruência da alma que se vela
Como os sonhados pálios de cetim?

Disperso... E a hora como um leque fecha-se...
Minha alma é um arco tendo ao fundo o mar...
O tédio? A mágoa? A vida? O sonho? Deixa-se...

E, abrindo as asas sobre Renovar,
A erma sombra do voo começado
Pestaneja no campo abandonado...

6/1/1923

Sonho. Não sei quem sou neste momento.
Durmo sentindo-me. Na hora calma
Meu pensamento esquece o pensamento,
    Minha alma não tem alma.

Se existo, é um erro eu o saber. Se acordo
Parece que erro. Sinto que não sei.
Nada quero nem tenho nem recordo.
    Não tenho ser nem lei.

Lapso da consciência entre ilusões,
Fantasmas me limitam e me contêm.
Dorme insciente de alheios corações,
    Coração de ninguém.

MARINHA

29/9/1926

Ditosos a quem acena
Um lenço de despedida!
São felizes: têm pena...
Eu sofro sem pena a vida.

Doo-me até onde penso,
E a dor é já de pensar,
Órfão de um sonho suspenso
Pela maré a vazar...

E sobe até mim, já farto
De improfícuas agonias,
No cais de onde nunca parto,
A maresia dos dias.

O MENINO DA SUA MÃE

29/9/1926

No plaino abandonado
Que a morna brisa aquece,
De balas traspassado
– Duas, de lado a lado –,
Jaz morto, e arrefece.

Raia-lhe a farda o sangue.
De braços estendidos,
Alvo, louro, exangue,
Fita com olhar langue
E cego os céus perdidos.

Tão jovem! que jovem era!
(Agora que idade tem?)
Filho único, a mãe lhe dera
Um nome e o mantivera:
"O menino da sua mãe".

Caiu-lhe da algibeira
A cigarreira breve.
Dera-lhe a mãe. Está inteira
E boa a cigarreira.
Ele é que já não serve.

De outra algibeira, alada
Ponta a roçar o solo,
A brancura embainhada

De um lenço... Deu-lho a criada
Velha que o trouxe ao colo.

Lá longe, em casa, há a prece:
"Que volte cedo, e bem!"
(Malhas que o Império tece!)
Jaz morto, e apodrece,
O menino da sua mãe.

1914

Ela canta, pobre ceifeira,
Julgando-se feliz talvez;
Canta, e ceifa, e a sua voz, cheia
De alegre e anônima viuvez,

Ondula como um canto de ave
No ar limpo como um limiar,
E há curvas no enredo suave
Do som que ela tem a cantar.

Ouvi-la alegra e entristece,
Na sua voz há o campo e a lida,
E canta como se tivesse
Mais razões p'ra cantar que a vida.

Ah, canta, canta sem razão!
O que em mim sente 'stá pensando.
Derrama no meu coração
A tua incerta voz ondeando!

Ah, poder ser tu, sendo eu!
Ter a tua alegre inconsciência,
E a consciência disso! Ó céu!
Ó campo! Ó canção! A ciência

Pesa tanto e a vida é tão breve!
Entrai por mim dentro! Tornai
Minha alma a vossa sombra leve!
Depois, levando-me, passai!

14/3/1928

Paira à tona de água
Uma vibração,
Há uma vaga mágoa
No meu coração.

Não é porque a brisa
Ou o que quer que seja
Faça esta indecisa
Vibração que adeja,

Nem é porque eu sinta
Uma dor qualquer.
Minha alma é indistinta,
Não sabe o que quer.

É uma dor serena,
Sofre porque vê.
Tenho tanta pena!
Soubesse eu de quê!...

INICIAÇÃO

Não dormes sob os ciprestes,
Pois não há sono no mundo.
....
O corpo é a sombra das vestes
Que encobrem teu ser profundo.

Vem a noite, que é a morte,
E a sombra acabou sem ser.
Vais na noite só recorte,
Igual a ti sem querer.

Mas na Estalagem do Assombro
Tiram-te os Anjos a capa:
Segues sem capa no ombro,
Com o pouco que te tapa.

Então Arcanjos da Estrada
Despem-te e deixam-te nu.
Não tens vestes, não tens nada:
Tens só teu corpo, que és tu.

Por fim, na funda caverna,
Os Deuses despem-te mais.
Teu corpo cessa, alma externa,
Mas vês que são teus iguais.
....

A sombra das tuas vestes
Ficou entre nós na Sorte.
Não 'stás morto, entre ciprestes.
....
Neófito, não há morte.

1.3. MENSAGEM

TERCEIRA PARTE: O ENCOBERTO

Pax in Excelsis.

I. OS SYMBOLOS

Primeiro / D. Sebastião

Sperae! Cahi no areal e na hora adversa
Que Deus concede aos seus
Para o intervallo em que esteja a alma immersa
Em sonhos que são Deus.

Que importa o areal e a morte e a desventura
Se com Deus me guardei?
É O que eu me sonhei que eterno dura,
É Esse que regressarei.

Segundo / O quinto império

21/2/1933

Triste de quem vive em casa,
Contente com o seu lar,
Sem que um sonho, no erguer de asa,
Faça até mais rubra a brasa
Da lareira a abandonar!

Triste de quem é feliz!
Vive porque a vida dura.
Nada na alma lhe diz
Mais que a lição da raiz –
Ter por vida a sepultura.

Eras sobre eras se somem
No tempo que em eras vem.
Ser descontente é ser homem.
Que as forças cegas se domem
Pela visão que a alma tem!

E assim, passados os quatro
Tempos do ser que sonhou,
A terra será theatro
Do dia claro, que no atro
Da erma noite começou.

Grécia, Roma, Cristandade,
Europa – os quatro se vão
Para onde vae toda edade.
Quem vem viver a verdade
Que morreu D. Sebastião?

Terceiro / O desejado

18/1/1934

Onde quer que, entre sombras e dizeres,
Jazas, remoto, sente-te sonhado,
E ergue-te do fundo de não seres
Para teu novo fado!

Vem, Galaaz, com patria, erguer de novo,
Mas já no auge da suprema prova,
A alma penitente do teu povo
À Eucharistia Nova.

Mestre da Paz, ergue teu gladio ungido,
Excalibur do Fim, em geito tal
Que sua Luz ao mundo dividido
Revele o Santo Gral!

Quarto / As ilhas afortunadas

26/3/1934

Que voz vem no som das ondas
Que não é a voz do mar?
É a voz de alguem que nos falla,
Mas que, se escutarmos, cala,
Por ter havido escutar.

E só se, meio dormindo,
Sem saber de ouvir ouvimos,
Que ella nos diz a esperança
A que, como uma criança
Dormente, a dormir sorrimos.

São ilhas afortunadas,
São terras sem ter logar,
Onde o Rei mora esperando.
Mas, se vamos dispertando,
Cala a voz, e ha só o mar.

2. NINGUÉM NO PLURAL

2.1. ÁLVARO DE CAMPOS

10/1913

A praça da Figueira de manhã,
Quando o dia é de sol (como acontece
Sempre em Lisboa), nunca em mim esquece,
Embora seja uma memória vã.

Há tanta coisa mais interessante
Que aquele lugar lógico e plebeu,
Mas amo aquilo, mesmo aqui... Sei eu
Por que o amo? Não importa. Adiante...

Isto de sensações só vale a pena
Se a gente se não põe a olhar para elas.
Nenhuma delas em mim serena...

De resto, nada em mim é certo e está
De acordo comigo próprio. As horas belas
São as dos outros ou as que não há.

8/1913

Quando olho para mim não me percebo.
Tenho tanto a mania de sentir
Que me extravio às vezes ao sair
Das próprias sensações que eu recebo.

O ar que respiro, este licor que bebo,
Pertencem ao meu modo de existir,
E eu nunca sei como hei de concluir
As sensações que a meu pesar concebo.

Nem nunca, propriamente reparei,
Se na verdade sinto o que sinto. Eu
Serei tal qual pareço em mim? Serei

Tal qual me julgo verdadeiramente?
Mesmo ante as sensações sou um pouco ateu,
Nem sei bem se sou eu quem em mim sente.

OPIÁRIO

Ao senhor Mário de Sá-Carneiro

3/1914

É antes do ópio que a minh'alma é doente.
Sentir a vida convalesce e estiola
E eu vou buscar ao ópio que consola
Um Oriente ao oriente do Oriente.

Esta vida de bordo há de matar-me.
São dias só de febre na cabeça
E, por mais que procure até que adoeça,
Já não encontro a mola pra adaptar-me.

Em paradoxo e incompetência astral
Eu vivo a vincos de ouro a minha vida,
Onda onde o pundonor é uma descida
E os próprios gozos gânglios do meu mal.

É por um mecanismo de desastres,
Uma engrenagem com volantes falsos,
Que passo entre visões de cadafalsos
Num jardim onde há flores no ar, sem hastes.

Vou cambaleando através do lavor
Duma vida-interior de renda e laca.
Tenho a impressão de ter em casa a faca
Com que foi degolado o Precursor.

Ando expiando um crime numa mala,
Que um avô meu cometeu por requinte.
Tenho os nervos na forca, vinte a vinte,
E caí no ópio como numa vala.

Ao toque adormecido da morfina
Perco-me em transparências latejantes
E numa noite cheia de brilhantes
Ergue-se a lua como a minha Sina,

Eu, que fui sempre um mau estudante, agora
Não faço mais que ver o navio ir
Pelo canal de Suez a conduzir
A minha vida, cânfora na aurora.

Perdi os dias que já aproveitara.
Trabalhei para ter só o cansaço
Que é hoje em mim uma espécie de braço
Que ao meu pescoço me sufoca e ampara.

E fui criança como toda a gente.
Nasci numa província portuguesa
E tenho conhecido gente inglesa
Que diz que eu sei inglês perfeitamente.

Gostava de ter poemas e novelas
Publicadas por Plon e no *Mercure*,
Mas é impossível que esta vida dure.
Se nesta viagem nem houve procelas!

A vida a bordo é uma coisa triste,
Embora a gente se divirta às vezes.

Falo com alemães, suecos e ingleses
E a minha mágoa de viver persiste.

Eu acho que não vale a pena ter
Ido ao Oriente e visto a Índia e a China.
A terra é semelhante e pequenina
E há só uma maneira de viver.

Por isso eu tomo ópio. É um remédio.
Sou um convalescente do Momento.
Moro no rés do chão do pensamento
E ver passar a Vida faz-me tédio.

Fumo. Canso. Ah uma terra aonde, enfim,
Muito a leste não fosse o oeste já!
Pra que fui visitar a Índia que há
Se não há Índia senão a alma em mim?

Sou desgraçado por meu morgadio.
Os ciganos roubaram minha Sorte.
Talvez nem mesmo encontre ao pé da morte
Um lugar que ma abrigue do meu frio.

Eu fingi que estudei engenharia.
Vivi na Escócia. Visitei a Irlanda.
Meu coração é uma avozinha que anda
Pedindo esmola às portas da Alegria.

Não chegues a Port-Said, navio de ferro!
Volta à direita, nem eu sei para onde.
Passo os dias no *smoking-room* com o conde –
Um *escroc* francês, conde de fim de enterro.

Volto à Europa descontente, e em sortes
De vir a ser um poeta sonambólico.
Eu sou monárquico mas não católico
E gostava de ser as coisas fortes.

Gostava de ter crenças e dinheiro,
Ser vária gente insípida que vi.
Hoje, afinal, não sou senão, aqui,
Num navio qualquer um passageiro.

Não tenho personalidade alguma.
É mais notado que eu esse criado
De bordo que tem um belo modo alçado
De *laird* escocês há dias em jejum.

Não posso estar em parte alguma. A minha
Pátria é onde não estou. Sou doente e fraco.
O comissário de bordo é velhaco.
Viu-me co'a sueca... e o resto ele adivinha.

Um dia faço escândalo cá a bordo,
Só para dar que falar de mim aos mais.
Não posso com a vida, e acho fatais
As iras com que às vezes me debordo.

Levo o dia a fumar, a beber coisas,
Drogas americanas que entontecem,
E eu já tão bêbado sem nada! Dessem
Melhor cérebro aos meus nervos como rosas.

Escrevo estas linhas. Parece impossível
Que mesmo ao ter talento eu mal o sinta!

O fato é que esta vida é uma quinta
Onde se aborrece uma alma sensível.

Os ingleses são feitos pra existir.
Não há gente como esta pra estar feita
Com a Tranquilidade. A gente deita
Um vintém e sai um deles a sorrir.

Pertenço a um gênero de portugueses
Que depois de estar a Índia descoberta
Ficaram sem trabalho. A morte é certa.
Tenho pensado nisto muitas vezes.

Leve o diabo a vida e a gente tê-la!
Nem leio o livro à minha cabeceira.
Enoja-me o Oriente. É uma esteira
Que a gente enrola e deixa de ser bela.

Caio no ópio por força. Lá querer
Que eu leve a limpo uma vida destas
Não se pode exigir. Almas honestas
Com horas pra dormir e pra comer,

Que um raio as parta! E isto afinal é inveja.
Porque estes nervos são a minha morte.
Não haver um navio que me transporte
Para onde eu nada queira que o não veja!

Ora! Eu cansava-me do mesmo modo.
Qu'ria outro ópio mais forte pra ir de ali
Para sonhos que dessem cabo de mim
E pregassem comigo nalgum lodo.

Febre! Se isto que tenho não é febre,
Não sei como é que se tem febre e sente.
O fato essencial é que estou doente.
Está corrida, amigos, esta lebre.

Veio a noite. Tocou já a primeira
Corneta, pra vestir para o jantar.
Vida social por cima! Isso! E marchar
Até que a gente saia p'la coleira!

Porque isto acaba mal e há de haver
(Olá) sangue e um revólver lá pro fim
Deste desassossego que há em mim
E não há forma de se resolver.

E quem me olhar, há de me achar banal,
A mim e à minha vida... Ora! um rapaz...
O meu próprio monóculo me faz
Pertencer a um tipo universal.

Ah quanta alma viverá, que ande metida
Assim como eu na Linha, e como eu mística!
Quantos sob a casaca característica
Não terão como eu o horror à vida?

Se ao menos eu por fora fosse tão
Interessante como sou por dentro!
Vou no Maelstrom, cada vez mais pro centro.
Não fazer nada é a minha perdição.

Um inútil. Mas é tão justo sê-lo!
Pudesse a gente desprezar os outros

E, ainda que co'os cotovelos rotos,
Ser herói, doido, amaldiçoado ou belo!

Tenho vontade de levar as mãos
À boca e morder nelas fundo e a mal.
Era uma ocupação original
E distraía os outros, os tais sãos.

O absurdo, como uma flor da tal Índia
Que não vim encontrar na Índia, nasce
No meu cérebro farto de cansar-se.
A minha vida mude-a Deus ou finde-a...

Deixe-me estar aqui, nesta cadeira,
Até virem meter-me no caixão.
Nasci pra mandarim de condição,
Mas falta-me o sossego, o chá e a esteira.

Ah que bom que era ir daqui de caída
Pra cova por um alçapão de estouro!
A vida sabe-me a tabaco louro.
Nunca fiz mais do que fumar a vida.

E afinal o que quero é fé, é calma,
E não ter estas sensações confusas.
Deus que acabe com isto! Abra as eclusas
E basta de comédias na minh'alma!

No Canal de Suez, a bordo.

SONETO JÁ ANTIGO

12/1922

Olha, Daisy: quando eu morrer tu hás de
dizer aos meus amigos aí de Londres,
embora não o sintas, que tu escondes
a grande dor da minha morte. Irás de

Londres p'ra Iorque, onde nasceste (dizes...
que eu nada que tu digas acredito),
contar àquele pobre rapazito
que me deu tantas horas tão felizes,

Embora não o saibas, que morri...
mesmo ele, a quem eu tanto julguei amar,
nada se importará... Depois vai dar

a notícia a essa estranha Cecily
que acreditava que eu seria grande...
Raios partam a vida e quem lá ande!

ODE TRIUNFAL

6/1914

À dolorosa luz das grandes lâmpadas elétricas da fábrica
Tenho febre e escrevo.
Escrevo rangendo os dentes, fera para a beleza disto,
Para a beleza disto totalmente desconhecida dos antigos.

Ó rodas, ó engrenagens, *r-r-r-r-r-r* eterno!
Forte espasmo retido dos maquinismos em fúria!
Em fúria fora e dentro de mim,
Por todos os meus nervos dissecados fora,
Por todas as papilas fora de tudo com que eu sinto!
Tenho os lábios secos, ó grandes ruídos modernos,
De vos ouvir demasiadamente de perto,
E arde-me a cabeça de vos querer cantar com um excesso
De expressão de todas as minhas sensações,
Com um excesso contemporâneo de vós, ó máquinas!

Em febre e olhando os motores como a uma Natureza tropical –
Grandes trópicos humanos de ferro e fogo e força –
Canto, e canto o presente, e também o passado e o futuro,
Porque o presente é todo o passado e todo o futuro
E há Platão e Virgílio dentro das máquinas e das luzes elétricas
Só porque houve outrora e foram humanos Virgílio e Platão,
E pedaços do Alexandre Magno do século talvez cinquenta,
Átomos que hão de ir ter febre para o cérebro do Ésquilo do século cem,
Andam por estas correias de transmissão e por estes êmbolos e por
                                                    [estes volantes,
Rugindo, rangendo, ciciando, estrugindo, ferreando,
Fazendo-me um excesso de carícias ao corpo numa só carícia à alma.

Ah, poder exprimir-me todo como um motor se exprime!
Ser completo como uma máquina!
Poder ir na vida triunfante como um automóvel último-modelo!
Poder ao menos penetrar-me fisicamente de tudo isto,
Rasgar-me todo, abrir-me completamente, tornar-me passento
A todos os perfumes de óleos e calores e carvões
Desta flora estupenda, negra, artificial e insaciável!

Fraternidade com todas as dinâmicas!
Promíscua fúria de ser parte-agente
Do rodar férreo e cosmopolita
Dos comboios estrênuos,
Da faina transportadora-de-cargas dos navios,
Do giro lúbrico e lento dos guindastes,
Do tumulto disciplinado das fábricas,
E do quase silêncio ciciante e monótono das correias de transmissão!
Horas europeias, produtoras, entaladas
Entre maquinismos e afazeres úteis!
Grandes cidades paradas nos cafés,
Nos cafés – oásis de inutilidades ruidosas
Onde se cristalizam e se precipitam
Os rumores e os gestos do Útil
E as rodas, e as rodas-dentadas e as chumaceiras do Progressivo!
Nova Minerva sem-alma dos cais e das gares!
Novos entusiasmos da estatura do Momento!
Quilhas de chapas de ferro sorrindo encostadas às docas,
Ou a seco, erguidas, nos planos-inclinados dos portos!
Atividade internacional, transatlântica, *Canadian-Pacific!*
Luzes e febris perdas de tempo nos bares, nos hotéis,
Nos Longchamps e nos Derbies e nos Ascots,
E Picadillies e Avenues de l'Opera que entram
Pela minh'alma dentro!

Hé-lá as ruas, hé-lá as praças, hé-la-hó *la foule!*
Tudo o que passa, tudo o que para às montras!
Comerciantes; vadios; *escrocs* exageradamente bem-vestidos;

Membros evidentes de clubes aristocráticos;
Esquálidas figuras dúbias; chefes de família vagamente felizes
E paternais até na corrente de oiro que atravessa o colete
De algibeira a algibeira!
Tudo o que passa, tudo o que passa e nunca passa!
Presença demasiadamente acentuada das cocotes;
Banalidade interessante (e quem sabe o quê por dentro?)
Das burguesinhas, mãe e filha geralmente,
Que andam na rua com um fim qualquer;
A graça feminil e falsa dos pederastas que passam, lentos;
E tôda a gente simplesmente elegante que passeia e se mostra
E afinal tem alma lá dentro!

(Ah, como eu desejaria ser o *souteneur* disto tudo!)

A maravilhosa beleza das corrupções políticas,
Deliciosos escândalos financeiros e diplomáticos,
Agressões políticas nas ruas,
E de vez em quando o cometa dum regicídio
Que ilumina de Prodígio e Fanfarra os céus
Usuais e lúcidos da Civilização quotidiana!

Notícias desmentidas dos jornais,
Artigos políticos insinceramente sinceros,
Notícias *passez à-la-caisse*, grandes crimes –
Duas colunas deles passando para a segunda página!
O cheiro fresco a tinta de tipografia!
Os cartazes postos há pouco, molhados!
Vients-de-paraitre amarelos como uma cinta branca!
Como eu vos amo a todos, a todos, a todos,
Como eu vos amo de todas as maneiras,
Com os olhos e com os ouvidos e com o olfato
E com o tato (o que palpar-vos representa para mim!)
E com a inteligência como uma antena que fazeis vibrar!
Ah, como todos os meus sentidos têm cio de vós!

Adubos, debulhadoras a vapor, progressos da agricultura!
Química agrícola, e o comércio quase uma ciência!
Ó mostruários dos caixeiros-viajantes,
Dos caixeiros-viajantes, cavaleiros-andantes da Indústria,
Prolongamentos humanos das fábricas e dos calmos escritórios!

Ó fazendas nas montras! ó manequins! ó últimos figurinos!
Ó artigos inúteis que toda a gente quer comprar!
Olá grandes armazéns com várias seções!
Olá anúncios elétricos que vêm e estão e desaparecem!
Olá tudo com que hoje se constrói, com que hoje se é diferente de
[ontem!
Eh, cimento armado, betom de cimento, novos processos!
Progressos dos armamentos gloriosamente mortíferos!
Couraças, canhões, metralhadoras, submarinos, aeroplanos!

Amo-vos a todos, a tudo, como uma fera.
Amo-vos carnivoramente,
Pervertidamente e enroscando a minha vista
Em vós, ó coisas grandes, banais, úteis, inúteis,
Ó coisas todas modernas,
Ó minhas contemporâneas, forma atual e próxima
Do sistema imediato do Universo!
Nova Revelação metálica e dinâmica de Deus!

Ó fábricas, ó laboratórios, ó *music-halls*, ó Luna-Parks,
Ó couraçados, ó pontes, ó docas flutuantes –
Na minha mente turbulenta e incandescida
Possuo-vos como a uma mulher bela,
Completamente vos possuo como a uma mulher bela que não se ama,
Que se encontra casualmente e se acha interessantíssima.

Eh-lá-hô fachadas das grandes lojas!
Eh-lá-hô elevadores dos grandes edifícios!

Eh-lá-hô recomposições ministeriais!
Parlamento, políticas, relatores de orçamentos,
Orçamentos falsificados!
(Um orçamento é tão natural como uma árvore
E um parlamento tão belo como uma borboleta.)

Eh-lá o interesse por tudo na vida,
Porque tudo é a vida, desde os brilhantes nas montras
Até à noite ponte misteriosa entre os astros
E o mar antigo e solene, lavando as costas
E sendo misericordiosamente o mesmo
Que era quando Platão era realmente Platão
Na sua presença real e na sua carne com a alma dentro,
E falava com Aristóteles, que havia de não ser discípulo dele.

Eu podia morrer triturado por um motor
Com o sentimento de deliciosa entrega duma mulher possuída.
Atirem-me para dentro das fornalhas!
Metam-me debaixo dos comboios!
Espanquem-me a bordo de navios!
Masoquismo através de maquinismos!
Sadismo de não sei quê moderno e eu e barulho!

Up-lá hó jóquei que ganhaste o Derby,
Morder entre dentes o teu *cap* de duas cores!

(Ser tão alto que não pudesse entrar por nenhuma porta!
Ah, olhar é em mim uma perversão sexual!)

Eh-lá, eh-lá, eh-lá, catedrais!
Deixai-me partir a cabeça de encontro às vossas esquinas,
E ser levantado da rua cheio de sangue
Sem ninguém saber quem eu sou!

Ó *tramways*, funiculares, metropolitanos,
Roçai-vos por mim até ao espasmo!
Hilla! hilla! hilla-hô!
Dai-me gargalhadas em plena cara,
Ó automóveis apinhados de pândegos e de putas,
Ó multidões quotidianas nem alegres nem tristes das ruas,
Rio multicolor anônimo e onde eu me posso banhar como quereria!
Ah, que vidas complexas, que coisas lá pelas casas de tudo isto!
Ah, saber-lhes as vidas a todos, as dificuldades de dinheiro,
As dissensões domésticas, os deboches que não se suspeitam,
Os pensamentos que cada um tem a sós consigo no seu quarto
E os gestos que faz quando ninguém pode ver!
Não saber tudo isto é ignorar tudo, ó raiva,
Ó raiva que como uma febre e um cio e uma fome
Me põe a magro o rosto e me agita às vezes as mãos
Em crispações absurdas em pleno meio das turbas
Nas ruas cheias de encontrões!

Ah, e a gente ordinária e suja, que parece sempre a mesma,
Que emprega palavrões como palavras usuais,
Cujos filhos roubam às portas das mercearias
E cujas filhas aos oito anos – e eu acho isto belo e amo-o! –
Masturbam homens de aspecto decente nos vãos de escada.
A gentalha que anda pelos andaimes e que vai para casa
Por vielas quase irreais de estreiteza e podridão.
Maravilhosa gente humana que vive como os cães,
Que está abaixo de todos os sistemas morais,
Para quem nenhuma religião foi feita,
Nenhuma arte criada,
Nenhuma política destinada para eles!
Como eu vos amo a todos, porque sois assim,
Nem imorais de tão baixos que sois, nem bons nem maus,
Inatingíveis por todos os progressos,
Fauna maravilhosa do fundo do mar da vida!

(Na nora do quintal da minha casa
O burro anda à roda, anda à roda,
E o mistério do mundo é do tamanho disto.
Limpa o suor com o braço, trabalhador descontente.
A luz do sol abafa o silêncio das esferas
E havemos todos de morrer,
Ó pinheirais sombrios ao crepúsculo,
Pinheirais onde a minha infância era outra coisa
Do que eu sou hoje...)

Mas, ah outra vez a raiva mecânica constante!
Outra vez a obsessão movimentada dos ônibus.
E outra vez a fúria de estar indo ao mesmo tempo dentro de todos
                                                  [os comboios
De todas as partes do mundo,
De estar dizendo adeus de bordo de todos os navios,
Que a estas horas estão levantando ferro ou afastando-se das docas.
Ó ferro, ó aço, ó alumínio, ó chapas de ferro ondulado!
Ó cais, ó portos, ó comboios, ó guindastes, ó rebocadores!

Eh-lá grandes desastres de comboios!
Eh-lá desabamentos de galerias de minas!
Eh-lá naufrágios deliciosos dos grandes transatlânticos!
Eh-lá-hô revoluções aqui, ali, acolá,
Alterações de constituições, guerras, tratados, invasões,
Ruído, injustiças, violências, e talvez para breve o fim,
A grande invasão dos bárbaros amarelos pela Europa,
E outro Sol no novo Horizonte!

Que importa tudo isto, mas que importa tudo isto
Ao fúlgido e rubro ruído contemporâneo,
Ao ruído cruel e delicioso da civilização de hoje?
Tudo isso apaga tudo, salvo o Momento,
O Momento de tronco nu e quente como um fogueiro,
O Momento estridentemente ruidoso e mecânico,
O Momento dinâmico passagem de todas as bacantes
Do ferro e do bronze e da bebedeira dos metais.

Eia comboios, eia pontes, eia hotéis à hora do jantar,
Eia aparelhos de todas as espécies, férreos, brutos, mínimos,
Instrumentos de precisão, aparelhos de triturar, de cavar,
Engenhos, brocas, máquinas rotativas!
Eia! eia! eia!

Eia eletricidade, nervos doentes da Matéria!
Eia telegrafia-sem-fios, simpatia metálica do Inconsciente!
Eia túneis, eia canais, Panamá, Kiel, Suez!
Eia todo o passado dentro do presente!
Eia todo o futuro já dentro de nós! eia!
Eia! eia! eia!
Frutos de ferro e útil da árvore-fábrica cosmopolita!
Eia! eia! eia, eia-hô-ô-ô!
Nem sei que existo para dentro. Giro, rodeio, engenho-me.
Engatam-me em todos os comboios.

Içam-me em todos os cais.
Giro dentro das hélices de todos os navios.
Eia! eia-hô eia!
Eia! sou o calor mecânico e a eletricidade!

Eia! e os *rails* e as casas de máquinas e a Europa!
Eia e hurrah por mim-tudo e tudo, máquinas a trabalhar, eia!

Galgar com tudo por cima de tudo! Hup-lá!

Hup-lá, hup-lá, hup-lá-hô, hup-lá!
Hé-lá! He-hô Ho-o-o-o-o!
Z-z-z-z-z-z-z-z-z-z-z-z!

Ah não ser eu toda a gente e toda a parte!

Londres

ODE MARÍTIMA

[1915?]

Sozinho, no cais deserto, a esta manhã de Verão,
Olho pro lado da barra, olho pro Indefinido,
Olho e contenta-me ver,
Pequeno, negro e claro, um paquete entrando.
Vem muito longe, nítido, clássico à sua maneira.
Deixa no ar distante atrás de si a orla vã do seu fumo.
Vem entrando, e a manhã entra com ele, e no rio,
Aqui, acolá, acorda a vida marítima,
Erguem-se velas, avançam rebocadores,
Surgem barcos pequenos de trás dos navios que estão no porto.
Há uma vaga brisa.
Mas a minh'alma está com o que vejo menos,
Com o paquete que entra,
Porque ele está com a Distância, com a Manhã,
Com o sentido marítimo desta Hora,
Com a doçura dolorosa que sobe em mim como uma náusea,
Como um começar a enjoar, mas no espírito.

Olho de longe o paquete, com uma grande independência de alma,
E dentro de mim um volante começa a girar, lentamente.

Os paquetes que entram de manhã na barra
Trazem aos meus olhos consigo
O mistério alegre e triste de quem chega e parte.
Trazem memórias de cais afastados e doutros momentos
Doutro modo da mesma humanidade noutros pontos.
Todo o atracar, todo o largar de navio,
É – sinto-o em mim como o meu sangue –

Inconscientemente simbólico, terrivelmente
Ameaçador de significações metafísicas
Que perturbam em mim quem eu fui...

Ah, todo o cais é uma saudade de pedra!
E quando o navio larga do cais
E se repara de repente que se abriu um espaço
Entre o cais e o navio,
Vem-me, não sei por quê, uma angústia recente,
Uma névoa de sentimentos de tristeza
Que brilha ao sol das minhas angústias relvadas
Como a primeira janela onde a madrugada bate,
E me envolve como uma recordação duma outra pessoa
Que fosse misteriosamente minha.

Ah, quem sabe, quem sabe,
Se não parti outrora, antes de mim,
Dum cais; se não deixei, navio ao sol
Oblíquo da madrugada,
Uma outra espécie de porto?
Quem sabe se não deixei, antes de a hora
Do mundo exterior como eu o vejo
Raiar-se para mim,
Um grande cais cheio de pouca gente,
Duma grande cidade meio-desperta,
Duma enorme cidade comercial, crescida, apoplética,
Tanto quanto isso pode ser fora do Espaço e do Tempo?

Sim, dum cais, dum cais dalgum modo material,
Real, visível como cais, cais realmente,
O Cais Absoluto por cujo modelo inconscientemente imitado,
Insensivelmente evocado,
Nós os homens construímos

Os nossos cais de pedra atual sobre água verdadeira,
Que depois de construídos se anunciam de repente
Coisas-Reais, Espíritos-Coisas, Entidades em Pedra-Almas,
A certos momentos nossos de sentimento-raiz
Quando no mundo-exterior como que se abre uma porta
E, sem que nada se altere,
Tudo se revela diverso.

Ah o Grande Cais donde partimos em Navios-Nações!
O Grande Cais Anterior, eterno e divino!
De que porto? Em que águas? E por que penso eu isto?
Grande Cais como os outros cais, mas o Único.
Cheio como eles de silêncios rumorosos nas antemanhãs,
E desabrochando com as manhãs num ruído de guindastes
E chegadas de comboios de mercadorias,
E sob a nuvem negra e ocasional e leve
Do fumo das chaminés das fábricas próximas
Que lhe sombreia o chão preto de carvão pequenino que brilha,
Como se fosse a sombra duma nuvem que passasse sobre água
[sombria.

Ah, que essencialidade de mistério e sentido parados
Em divino êxtase revelador
Às horas cor de silêncios e angústias
Não é ponte entre qualquer cais e O Cais!

Cais negramente refletido nas águas paradas,
Bulício a bordo dos navios,
Ó alma errante e instável da gente que anda embarcada,
Da gente simbólica que passa e com quem nada dura,
Que quando o navio volta ao porto
Há sempre qualquer alteração a bordo!

Ó fugas contínuas, idas, ebriedade do Diverso!
Alma eterna dos navegadores e das navegações!
Cascos refletidos devagar nas águas,
Quando o navio larga do porto!
Flutuar como alma da vida, partir como voz,
Viver o momento tremulamente sobre águas eternas.
Acordar para dias mais diretos que os dias da Europa,
Ver portos misteriosos sobre a solidão do mar,
Virar cabos longínquos para súbitas vastas paisagens
Por inumeráveis encostas atônitas...

Ah, as praias longínquas, os cais vistos de longe,
E depois as praias próximas, os cais vistos de perto.
O mistério de cada ida e de cada chegada,
A dolorosa instabilidade e incompreensibilidade
Deste impossível universo
A cada hora marítima mais na própria pele sentido!
O soluço absurdo que as nossas almas derramam
Sobre as extensões de mares diferentes com ilhas ao longe,
Sobre as ilhas longínquas das costas deixadas passar,
Sobre o crescer nítido dos portos, com as suas casas e a sua gente,
Para o navio que se aproxima.

Ah, a frescura das manhãs em que se chega,
E a palidez das manhãs em que se parte,
Quando as nossas entranhas se arrepanham
E uma vaga sensação parecida com um medo
– O medo ancestral de se afastar e partir,
O misterioso receio ancestral à Chegada e ao Novo –
Encolhe-nos a pele e agonia-nos,
E todo o nosso corpo angustiado sente,
Como se fosse a nossa alma,
Uma inexplicável vontade de poder sentir isto doutra maneira:

Uma saudade a qualquer coisa,
Uma perturbação de afeições a que vaga pátria?
A que costa? a que navio? a que cais?
Que se adoece em nós o pensamento,
E só fica um grande vácuo dentro de nós,
Uma oca saciedade de minutos marítimos,
E uma ansiedade vaga que seria tédio ou dor
Se soubesse como sê-lo...

A manhã de Verão está, ainda assim, um pouco fresca.
Um leve torpor de noite anda ainda no ar sacudido.
Acelera-se ligeiramente o volante dentro de mim.
E o paquete vem entrando, porque deve vir entrando sem dúvida,
E não porque eu o veja mover-se na sua distância excessiva.

Na minha imaginação ele está já perto e é visível
Em toda a extensão das linhas das suas vigias,
E treme em mim tudo, toda a carne e toda a pele,
Por causa daquela criatura que nunca chega em nenhum barco
E eu vim esperar hoje ao cais, por um mandado oblíquo.

Os navios que entram a barra,
Os navios que saem dos portos,
Os navios que passam ao longe
(Suponho-me vendo-os duma praia deserta) –
Todos estes navios abstratos quase na sua ida,
Todos estes navios assim comovem-me como se fossem outra coisa
E não apenas navios, indo e vindo.

E os navios vistos de perto, mesmo que se não vá embarcar neles,
Vistos de baixo, dos botes, muralhas altas de chapas,
Vistos dentro, através das câmaras, das salas, das despensas,

Olhando de perto os mastros, afilando-se lá pró alto,
Roçando pelas cordas, descendo as escadas incômodas,
Cheirando a untada mistura metálica e marítima de tudo aquilo –
Os navios vistos de perto são outra coisa e a mesma coisa,
Dão a mesma saudade e a mesma ânsia doutra maneira.

Toda a vida marítima! tudo na vida marítima!
Insinua-se no meu sangue toda essa sedução fina
E eu cismo indeterminadamente as viagens.
Ah, as linhas das costas distantes, achatadas pelo horizonte!
Ah, os cabos, as ilhas, as praias areentas!
As solidões marítimas, como certos momentos no Pacífico
Em que não sei por que sugestão aprendida na escola
Se sente pesar sobre os nervos o fato de que aquele é o maior dos
                                                    [oceanos
E o mundo e o sabor das coisas tornam-se um deserto dentro de nós!
A extensão mais humana, mais salpicada, do Atlântico!
O Índico, o mais misterioso dos oceanos todos!
O Mediterrâneo, doce, sem mistério nenhum, clássico, um mar pra
                                                    [bater
De encontro a esplanadas olhadas de jardins próximos por estátuas
                                                    [brancas!
Todos os mares, todos os estreitos, todas as baías, todos os golfos,
Queria apertá-los ao peito, senti-los bem e morrer!

E vós, ó coisas navais, meus velhos brinquedos de sonho!
Componde fora de mim a minha vida interior!
Quilhas, mastros e velas, rodas do leme, cordagens,
Chaminés de vapores, hélices, gáveas, flâmulas,
Galdropes, escotilhas, caldeiras, coletores, válvulas,
Caí por mim dentro em montão, em monte,
Como o conteúdo confuso de uma gaveta despejada no chão!
Sede vós o tesouro da minha avareza febril,

Sede vós os frutos da árvore da minha imaginação,
Tema de cantos meus, sangue nas veias da minha inteligência,
Vosso seja o laço que me une ao exterior pela estética,
Fornecei-me metáforas, imagens, literatura,
Porque em real verdade, a sério, literalmente,
Minhas sensações são um barco de quilha pró ar,
Minha imaginação uma âncora meio submersa,
Minha ânsia um remo partido,
E a tessitura dos meus nervos uma rede a secar na praia!

Soa no acaso do rio um apito, só um.
Treme já todo o chão do meu psiquismo.
Acelera-se cada vez mais o volante dentro de mim.
Ah, os paquetes, as viagens, o não-se-saber-o-paradeiro
De Fulano-de-tal, marítimo, nosso conhecido!
Ah, a glória de se saber que um homem que andava conosco
Morreu afogado ao pé duma ilha do Pacífico!
Nós que andamos com ele vamos falar nisso a todos,
Com um orgulho legítimo, com uma confiança invisível
Em que tudo isto tenha um sentido mais belo e mais vasto
Que apenas o ter-se perdido o barco onde ele ia
E ele ter ido ao fundo por lhe ter entrado água prós pulmões!

Ah, os paquetes, os navios-carvoeiros, os navios de vela!
Vão rareando — ai de mim! — os navios de vela nos mares!
E eu, que amo a civilização moderna, eu que beijo com a alma as
[máquinas,
Eu o engenheiro, eu o civilizado, eu o educado no estrangeiro,
Gostaria de ter outra vez ao pé da minha vista só veleiros e barcos
[de madeira,
De não saber doutra vida marítima que a antiga vida dos mares!
Porque os mares antigos são a Distância Absoluta,
O Puro Longe, liberto do peso do Atual...

E ah, como aqui tudo me lembra essa vida melhor,
Esses mares, maiores, porque se navegava mais devagar.
Esses mares, misteriosos, porque se sabia menos deles.

Todo o vapor ao longe é um barco de vela perto.
Todo o navio distante visto agora é um navio no passado visto
[próximo.
Todos os marinheiros invisíveis a bordo dos navios no horizonte
São os marinheiros visíveis do tempo dos velhos navios,
Da época lenta e veleira das navegações perigosas,
Da época de madeira e lona das viagens que duravam meses.

Toma-me pouco a pouco o delírio das coisas marítimas,
Penetram-me fisicamente o cais e a sua atmosfera,
O marulho do Tejo galga-me por cima dos sentidos,
E começo a sonhar, começo a envolver-me do sonho das águas,
Começam a pegar bem as correias-de-transmissão na minh'alma
E a aceleração do volante sacode-me nitidamente.

Chamam por mim as águas,
Chamam por mim os mares.
Chamam por mim, levantando uma voz corpórea, os longes,
As épocas marítimas todas sentidas no passado, a chamar.

Tu, marinheiro inglês, Jim Barns meu amigo, foste tu
Que me ensinaste esse grito antiquíssimo, inglês,
Que tão venenosamente resume
Para as almas complexas como a minha
O chamamento confuso das águas,
A voz inédita e implícita de todas as coisas do mar,
Dos naufrágios, das viagens longínquas, das travessias perigosas.
Esse teu grito inglês, tornado universal no meu sangue,

Sem feitio de grito, sem forma humana nem voz,
Esse grito tremendo que parece soar
De dentro duma caverna cuja abóbada é o céu
E parece narrar todas as sinistras coisas
Que podem acontecer no Longe, no Mar, pela Noite...
(Fingias sempre que era por uma escuna que chamavas,
E dizias assim, pondo uma mão de cada lado da boca,
Fazendo porta-voz das grandes mãos curtidas e escuras:

Ahò-ò-ò-ò-ò-ò-ò-ò-ò-ò-ò – yyyy...
Schooner ahò-ò-ò-ò-ò-ò-ò-ò-ò-ò-ò-ò-ò- – yyyy...)

Escuto-te de aqui, agora, e desperto a qualquer coisa.
Estremece o vento. Sobe a manhã. O calor abre.
Sinto corarem-me as faces.
Meus olhos conscientes dilatam-se.
O êxtase em mim levanta-se, cresce, avança,
E com um ruído cego de arruaça acentua-se
O giro vivo do volante.

Ó clamoroso chamamento
A cujo calor, a cuja fúria fervem em mim
Numa unidade explosiva todas as minhas ânsias,
Meus próprios tédios tornados dinâmicos, todos!...
Apelo lançado ao meu sangue
Dum amor passado, não sei onde, que volve
E ainda tem força para me atrair e puxar,
Que ainda tem força para me fazer odiar esta vida
Que passo entre a impenetrabilidade física e psíquica
Da gente real com que vivo!
Ah, seja como for, seja por onde for, partir!
Largar por aí fora, pelas ondas, pelo perigo, pelo mar,
Ir para Longe, ir para Fora, para a Distância Abstrata,

Indefinidamente, pelas noites misteriosas e fundas,
Levado, como a poeira, p'los ventos, p'los vendavais!
Ir, ir, ir, ir de vez!
Todo o meu sangue raiva por asas!
Todo o meu corpo atira-se pra frente!
Galgo p'la minha imaginação fora em torrentes!
Atropelo-me, rujo, precipito-me!...
Estoiram em espuma as minhas ânsias
E a minha carne é uma onda dando de encontro a rochedos!

Pensando nisto – ó raiva! pensando nisto – ó fúria!
Pensando nesta estreiteza da minha vida cheia de ânsias,
Subitamente, tremulamente, extraorbitadamente,
Com uma oscilação viciosa, vasta, violenta,
Do volante vivo da minha imaginação,
Rompe, por mim, assobiando, silvando, vertiginando,
O cio sombrio e sádico da estrídula vida marítima.

Eh marinheiros, gajeiros! eh tripulantes, pilotos!
Navegadores, mareantes, marujos, aventureiros!
Eh capitães de navios! homens ao leme e em mastros!
Homens que dormem em beliches rudes!
Homens que dormem co'o Perigo a espreitar p'las vigias!
Homens que dormem co'a Morte por travesseiro!
Homens que têm tombadilhos, que têm pontes donde olhar
A imensidade imensa do mar imenso!
Eh manipuladores dos guindastes de carga!
Eh amainadores de velas, fogueiros, criados de bordo!

Homens que metem a carga nos porões!
Homens que enrolam cabos no convés!
Homens que limpam os metais das escotilhas!
Homens do leme! homens das máquinas! homens dos mastros!

Eh-eh-eh-eh-eh-eh-eh!
Gente de boné de pala! Gente de camisola de malha!
Gente de âncoras e bandeiras cruzadas bordadas no peito!
Gente tatuada! gente de cachimbo! gente de amurada!
Gente escura de tanto sol, crestada de tanta chuva,
Limpa de olhos de tanta imensidade diante deles,
Audaz de rosto de tantos ventos que lhes bateram a valer!

Eh-eh-eh-eh-eh-eh-eh!
Homens que vistes a Patagônia!
Homens que passastes pela Austrália!
Que enchestes o vosso olhar de costas que nunca verei!
Que fostes a terra em terras onde nunca descerei!
Que comprastes artigos toscos em colônias à proa de sertões!
E fizestes tudo isso como se não fosse nada,
Como se isso fosse natural,
Como se a vida fosse isso,
Como nem sequer cumprindo um destino!
Eh-eh-eh-eh-eh-eh!

Homens do mar atual! homens do mar passado!
Comissários de bordo! escravos das galés! combatentes de Lepanto!
Piratas do tempo de Roma! Navegadores da Grécia!
Fenícios! Cartaginenses! Portugueses atirados de Sagres
Para a aventura indefinida, para o Mar Absoluto, para realizar o
[Impossível!
Eh-eh-eh-eh-eh-eh-eh-eh!
Homens que erguestes padrões, que destes nomes a cabos!
Homens que negociastes pela primeira vez com pretos!
Que primeiro vendestes escravos de novas terras!

Que destes o primeiro espasmo europeu às negras atônitas!
Que trouxestes ouro, miçanga, madeiras cheirosas, setas,

De encostas explodindo em verde vegetação!
Homens que saqueastes tranquilas povoações africanas,
Que fizestes fugir com o ruído de canhões essas raças,
Que matastes, roubastes, torturastes, ganhastes,
Os prêmios de Novidade de quem, de cabeça baixa
Arremete contra o mistério de novos mares! Eh-eh-eh-eh-eh!
A vós todos num, a vós todos em vós todos como um,
A vós todos misturados, entrecruzados,
A vós todos, sangrentos, violentos, odiados, temidos, sagrados,
Eu vos saúdo, eu vos saúdo, eu vos saúdo!
Eh-eh-eh-eh eh! Eh eh-eh-eh-eh! Eh-eh-eh eh-eh-eh eh!
Eh lahô-lahô laHo-lahá-á-á-à-à!

Quero ir convosco, quero ir convosco,
Ao mesmo tempo com vós todos
Pra toda a parte pr'onde fostes!
Quero encontrar vossos perigos frente a frente,
Sentir na minha cara os ventos que engelharam as vossas,
Cuspir dos lábios o sal dos mares que beijaram os vossos,
Ter braços na vossa faina, partilhar das vossas tormentas,
Chegar como vós, enfim, a extraordinários portos!
Fugir convosco à civilização!
Perder convosco a noção da moral!
Sentir mudar-se no longe a minha humanidade!
Beber convosco em mares do Sul
Novas selvajarias, novas balbúrdias da alma,
Novos fogos centrais no meu vulcânico espírito!
Ir convosco, despir de mim – ah! põe-te daqui pra fora! –
O meu traje de civilizado, a minha brandura de ações,
Meu medo inato das cadeias,
Minha pacífica vida,
A minha vida sentada, estática, regrada e revista!

No mar, no mar, no mar, no mar,
Eh! pôr no mar, ao vento, às vagas,

A minha vida!
Salgar de espuma arremessada pelos ventos
Meu paladar das grandes viagens,
Fustigar de água chicoteante as carnes da minha aventura,
Repassar de frios oceânicos os ossos da minha existência,
Flagelar, cortar, engelhar de ventos, de espumas, de sóis,
Meu ser ciclônico e atlântico,
Meus nervos postos como enxárcias,
Lira nas mãos dos ventos!

Sim, sim, sim... Crucificai-me nas navegações
E as minhas espáduas gozarão a minha cruz!
Atai-me às viagens como a postes
E a sensação dos postes entrará pela minha espinha
E eu passarei a senti-los num vasto espasmo passivo!
Fazei o que quiserdes de mim, logo que seja nos mares,
Sobre conveses, ao som de vagas,
Que me rasgueis, mateis, firais!
O que quero é levar pra Morte
Uma alma a transbordar de Mar,
Ébria a cair das coisas marítimas,
Tanto dos marujos como das âncoras, dos cabos,
Tanto das costas longínquas como do ruído dos ventos,
Tanto do Longe como do Cais, tanto dos naufrágios
Como dos tranquilos comércios,
Tanto dos mastros como das vagas,
Levar pra Morte com dor, voluptuosamente,
Um corpo cheio de sanguessugas, a sugar, a sugar,
De estranhas verdes absurdas sanguessugas marítimas!

Façam enxárcias das minhas veias!
Amarras dos meus músculos!
Arranquem-me a pele, preguem-a às quilhas.

E possa eu sentir a dor dos pregos e nunca deixar de sentir!
Façam do meu coração uma flâmula de almirante
Na hora de guerra dos velhos navios!

Calquem aos pés nos conveses meus olhos arrancados!
Quebrem-me os ossos de encontro às amuradas!
Fustiguem-me atado aos mastros, fustiguem-me!
A todos os ventos de todas as latitudes e longitudes
Derramem meu sangue sobre as águas arremessadas
Que atravessam o navio, o tombadilho, de lado a lado,
Nas vascas bravas das tormentas!
Ter a audácia ao vento dos panos das velas!
Ser, como as gáveas altas, o assobio dos ventos!
A velha guitarra do Fado dos mares cheios de perigos,
Canção para os navegadores ouvirem e não repetirem!

Os marinheiros que se sublevaram
Enforcaram o capitão numa verga.
Desembarcaram um outro numa ilha deserta.
Marooned!
O sol dos trópicos pôs a febre da pirataria antiga
Nas minhas veias intensivas.
Os ventos da Patagônia tatuaram a minha imaginação
De imagens trágicas e obscenas.
Fogo, fogo, fogo, dentro de mim!
Sangue! sangue! sangue! sangue!
Explode todo o meu cérebro!
Parte-se-me o mundo em vermelho!
Estoiram-se com o som de amarras as veias!
E estala em mim, feroz, voraz,
A canção do Grande Pirata,
A morte berrada do Grande Pirata a cantar
Até meter pavor p'las espinhas dos seus homens abaixo.
Lá da ré a morrer, e a berrar, a cantar.

Fifteen men on the Dead Man's Chest.
Yo-ho ho and a bottle of rum!

E depois a gritar, numa voz já irreal, a estoirar no ar:

Darby M'Graw-aw-aw-aw-aw!
Darby M'Graw-aw-aw-aw-aw-aw-aw-aw!
Fetch a-a-aft the ru-u-u-u-u-u-u-um, Darby!

Eia, que vida essa! essa era a vida, eia!
Eh-eh-eh eh-eh-eh-eh!
Eh-lahô-lahô-laHo-lahá -á-á -à-à!
Eh-eh-eh-eh-eh-eh-eh!
Quilhas partidas, navios ao fundo, sangue nos mares!
Conveses cheios de sangue, fragmentos de corpos!
Dedos decepados sobre amuradas!
Cabeças de crianças, aqui, acolá!
Gente de olhos fora, a gritar, a uivar!
Eh-eh-eh-eh-eh-eh-eh-eh-eh-eh!
Eh-eh-eh-eh-eh-eh-eh-eh-eh-eh!
Embrulho-me em tudo isto como uma capa no frio!
Roço-me por tudo isto como uma gata com cio por um muro!
Rujo como um leão faminto para tudo isto!
Arremeto como um toiro louco sobre tudo isto!
Cravo unhas, parto garras, sangro dos dentes sobre isto!
Eh-eh-eh-eh-eh-eh-eh-eh-eh-eh!

De repente estala-me sobre os ouvidos
Como um clarim a meu lado,
O velho grito, mas agora irado, metálico,
Chamando a presa que se avista,
A escuna que vai ser tomada:

Ahó-ó-ó-ó-ó-ó-ó-ó-ó-ó-ó – yyy...
Schooner ahó-ó-ó-ó-ó-ó-ó-ó-ó-ó-ó-ó-ó – yyyy...

O mundo inteiro não existe para mim! Ardo vermelho!
Rujo na fúria da abordagem!
Pirata-mor! César-Pirata!
Pilho, mato, esfacelo, rasgo!

Só sinto o mar, a presa, o saque!
Só sinto em mim bater, baterem-me
As veias das minhas fontes!
Escorre sangue quente a minha sensação dos meus olhos!
Eh-eh-eh-eh-eh-eh-eh-eh-eh-eh-eh!

Ah piratas, piratas, piratas!
Piratas, amai-me e odiai-me!
Misturai-me convosco, piratas!
Vossa fúria, vossa crueldade como falam ao sangue
Dum corpo de mulher que foi meu outrora e cujo cio sobrevive!

Eu queria ser um bicho representativo de todos os vossos gestos,
Um bicho que cravasse dentes nas amuradas, nas quilhas,
Que comesse mastros, bebesse sangue e alcatrão nos conveses,
Trincasse velas, remos, cordame e poleame,
Serpente do mar feminina e monstruosa cevando-se nos crimes!

E há uma sinfonia de sensações incompatíveis e análogas,
Há uma orquestração no meu sangue de balbúrdias de crimes,
De estrépitos espasmados de orgias de sangue nos mares,
Furibundamente, como um vendaval de calor pelo espírito,
Nuvem de poeira quente anuviando a minha lucidez
E fazendo-me ver e sonhar isto tudo só com a pele e as veias!

Os piratas, a pirataria, os barcos, a hora,
Aquela hora marítima em que as presas são assaltadas,
E o terror dos apresados foge pra loucura – essa hora,
No seu total de crimes, terror, barcos, gente, mar, céu, nuvens,
Brisa, latitude, longitude, vozearia,
Queria eu que fosse em seu Todo meu corpo em seu Todo, sofrendo,
Que fosse meu corpo e meu sangue, compusesse meu ser em
                                        [vermelho,
Florescesse como uma ferida comichando na carne irreal da minha
                                        [alma!

Ah, ser tudo nos crimes! ser todos os elementos componentes
Dos assaltos aos barcos e das chacinas e das violações!
Ser quanto foi no lugar dos saques!
Ser quanto viveu ou jazeu no local das tragédias de sangue!
Ser o pirata-resumo de toda a pirataria no seu auge,
E a vítima-síntese, mas de carne e osso, de todos os piratas do mundo!

Ser o meu corpo passivo a mulher-todas-as-mulheres
Que foram violadas, mortas, feridas, rasgadas p'los piratas!
Ser no meu ser subjugado a fêmea que tem de ser deles!
E sentir tudo isso – todas estas coisas duma só vez – pela espinha!
Ó meus peludos e rudes heróis da aventura e do crime!
Minhas marítimas feras, maridos da minha imaginação!
Amantes casuais da obliquidade das minhas sensações!
Queria ser Aquela que vos esperasse nos portos,
A vós, odiados amados do seu sangue de pirata nos sonhos!

Porque ela teria convosco, mas só em espírito, raivado
Sobre os cadáveres nus das vítimas que fazeis no mar!
Porque ela teria acompanhado vosso crime, e na orgia oceânica
Seu espírito de bruxa dançaria invisível em volta dos gestos
Dos vossos corpos, dos vossos cutelos, das vossas mãos
                                        [estranguladoras!
E ela em terra, esperando-vos, quando viésseis, se acaso viésseis,

Iria beber nos rugidos do vosso amor todo o vasto,
Todo o nevoento e sinistro perfume das vossas vitórias,
E através dos vossos espasmos silvaria um *sabbat* de vermelho e
[amarelo!

A carne rasgada, a carne aberta e estripada, o sangue correndo
Agora, no auge conciso de sonhar o que vós fazíeis,
Perco-me todo de mim, já não vos pertenço, sou vós,
A minha feminilidade que vos acompanha é ser as vossas almas!
Estar por dentro de toda a vossa ferocidade, quando a praticáveis!
Sugar por dentro a vossa consciência das vossas sensações
Quando tingíeis de sangue os mares altos,
Quando de vez em quando atiráveis aos tubarões
Os corpos vivos ainda dos feridos, a carne rosada das crianças
E leváveis as mães às amuradas para verem o que lhes acontecia!

Estar convosco na carnagem, na pilhagem!
Estar osquestrado convosco na sinfonia dos saques!
Ah, não sei que, não sei quanto queria eu ser de vós!
Não era só ser-vos a fêmea, ser-vos as fêmeas, ser-vos as vítimas,
Ser-vos as vítimas – homens, mulheres, crianças, navios –,
Não era só ser a hora e os barcos e as ondas,
Não era só ser vossas almas, vossos corpos, vossa fúria, vossa posse,
Não era só ser concretamente vosso ato abstrato de orgia,
Não era só isto que eu queria ser – era mais que isto, o Deus-isto!
Era preciso ser Deus, o Deus dum culto ao contrário,
Um Deus monstruoso e satânico, um Deus dum panteísmo de sangue,
Para poder encher toda a medida da minha fúria imaginativa,
Para poder nunca esgotar os meus desejos de identidade
Com o cada, e o tudo, e o mais que tudo das vossas vitórias!

Ah, torturai-me para me curardes!
Minha carne – fazei dela o ar que os vossos cutelos atravessam
Antes de caírem sobre as cabeças e os ombros!

Minhas veias sejam os fatos que as facas trespassam!
Minha imaginação o corpo das mulheres que violais!
Minha inteligência o convés onde estais de pé matando!
Minha vida toda, no seu conjunto nervoso, histérico, absurdo,
O grande organismo de que cada ato de pirataria que se cometeu
Fosse uma célula consciente – e todo eu turbilhonasse
Como uma imensa podridão ondeando, e fosse aquilo tudo!

Com tal velocidade desmedida, pavorosa,
A máquina de febre das minhas visões transbordantes
Gira agora que a minha consciência, volante,
É apenas um nevoento círculo assobiando no ar.

> *Fifteen men on the Dead Man's Chest.*
> *Yo-ho-ho and a bottle of rum!*

Eh-lahô-lahô-laHO – lahá-á-ááá – ààà…

Ah! a selvajaria desta selvajaria! Merda
Pra toda a vida como a nossa, que não é nada disto!
Eu pr'aqui engenheiro, prático à força, sensível a tudo,
Pr'aqui parado, em relação a vós, mesmo quando ando;
Mesmo quando ajo, inerte; mesmo quando me imponho, débil;
Estático, quebrado, dissidente cobarde da vossa Glória,
Da vossa grande dinâmica estridente, quente e sangrenta!
Arre! por não poder agir de acordo com o meu delírio!
Arre! por andar sempre agarrado às saias da civilização!
Por andar com a *douceur des moeurs* às costas, como um fardo de
[rendas!
Moços de esquina – todos nós o somos – do humanitarismo moderno!
Estupores de tísicos, de neurastênicos, de linfáticos,
Sem coragem para ser gente com violência e audácia,
Com a alma como uma galinha presa por uma perna!

Ah, os piratas! os piratas!
A ânsia do ilegal unido ao feroz,
A ânsia das coisas absolutamente cruéis e abomináveis,
Que rói como um cio abstrato os nossos corpos franzinos,
Os nossos nervos femininos e delicados,
E põe grandes febres loucas nos nossos olhares vazios!

Obrigai-me a ajoelhar diante de vós!
Humilhai-me e batei-me!
Fazei de mim o vosso escravo e a vossa coisa!
E que o vosso desprezo por mim nunca me abandone,
Ó meus senhores! ó meus senhores!

Tomar sempre gloriosamente a parte submissa
Nos acontecimentos de sangue e nas sensualidades estiradas!
Desabai sobre mim, como grandes muros pesados,
Ó bárbaros do antigo mar!
Rasgai-me e feri-me!
De leste a oeste do meu corpo
Riscai de sangue a minha carne!
Beijai com cutelos de bordo e açoites e raiva
O meu alegre terror carnal de vos pertencer,
A minha ânsia masoquista em me dar à vossa fúria,
Em ser objeto inerte e sentiente da vossa omnívora crueldade,
Dominadores, senhores, imperadores, corcéis!

Ah, torturai-me,
Rasgai-me e abri-me!
Desfeito em pedaços conscientes
Entornai-me sobre os conveses,
Espalhai-me nos mares, deixai-me
Nas praias ávidas das ilhas!

Cevai sobre mim todo o meu misticismo de vós!
Cinzelai a sangue a minh'alma
Cortai, riscai!
Ó tatuadores da minha imaginação corpórea!
Esfoladores amados da minha carnal submissão!
Submetei-me como quem mata um cão a pontapés!
Fazei de mim o poço para o vosso desprezo de domínio!

Fazei de mim as vossas vítimas todas!
Como Cristo sofreu por todos os homens, quero sofrer
Por todas as vossas vítimas às vossas mãos,
Às vossas mãos calosas, sangrentas e de dedos decepados
Nos assaltos bruscos de amuradas!

Fazei de mim qualquer cousa como se eu fosse
Arrastado – ó prazer, ó beijada dor! –
Arrastado à cauda de cavalos chicoteados por vós...
Mas isto no mar, isto no ma-a-ar, isto no MA-A-A-AR!
Eh-eh-eh-eh-eh! Eh-eh-eh-eh-eh-eh-eh! EH-EH-EH-EH-EH-EH-
[-EH! No MA-A-A-A-AR!

Yeh eh-eh-eh-eh-eh! Yeh-eh-eh-eh-eh-eh! Yeh-eh-eh-eh-eh-eh-eh!
Grita tudo! tudo a gritar! ventos, vagas, barcos,
Mares, gáveas, piratas, a minha alma, o sangue, e o ar, e o ar!
Eh-eh-eh-eh! Yeh-eh-eh-eh-eh! Yeh-eh-eh-eh-eh-eh! Tudo canta a
[gritar!

FIFTEEN MEN ON THE DEAD MAN'S CHEST.
YO-HO-HO AND A BOTTLE OF RUM!

Eh-eh eh-eh eh-eh-eh! Eh-eh-eh-eh-eh-eh-eh! Eh eh-eh eh-eh-eh-eh!
Eh-lahô-lahô-laHO-O-O-ôô-lahá-á-á – àààl!

AHÒ-Ó-Ó Ó Ó Ó-Ó Ó Ó Ó Ó – yyy!...
SCHOONER AHÓ-Ó-Ó-Ó-Ó-Ó-Ó-Ó-Ó-Ó – yyyy!...
Darby M'Graw-aw-aw-aw-aw-aw!
DARBY M'GRAW-AW-AW-AW-AW-AW-AW!
FETCH A-A-AFT THE RU-U-U-U-U-UM, DARBY!

Eh-eh-eh-eh-eh-eh-eh-eh-eh-eh eh-eh eh!
EH-EH EH-EH-EH EH-EH EH-EH EH-EH-EH!
EH-EH-EH-EH-EH-EH-EH-EH-EH EH EH-EH!
EH-EH-EH-EH-EH-EH-EH-EH-EH-EH-EH-EH!

EH-EH-EH-EH-EH-EH-EH-EH-EH-EH-EH!

Parte-se em mim qualquer coisa. O vermelho anoiteceu.
Senti demais para poder continuar a sentir.
Esgotou-se-me a alma, ficou só um eco dentro de mim.
Decresce sensivelmente a velocidade do volante.
Tiram-me um pouco as mãos dos olhos os meus sonhos.
Dentro de mim há um só vácuo, um deserto, um mar noturno.
E logo que sinto que há um mar noturno dentro de mim,
Sobe dos longes dele, nasce do seu silêncio,
Outra vez, outra vez, o vasto grito antiquíssimo.
De repente, como um relâmpago de som, que não faz barulho mas
[ternura,

Subitamente abrangendo todo o horizonte marítimo
Úmido e sombrio marulho humano noturno,
Voz de sereia longínqua chorando, chamando,
Vem do fundo do Longe, do fundo do Mar, da alma dos Abismos,
E à tona dele, como algas, boiam meus sonhos desfeitos...

Ahò-ò-ò-ò-ò-ò-ò-ò-ò-ò-ò – yy...
Schooner ahò-ò-ò-ò-ò-ò-ò-ò-ò-ò-ò-ò-ò – yy...

Ah, o orvalho sobre a minha excitação!
O frescor noturno no meu oceano interior!
Eis tudo em mim de repente ante uma noite no mar
Cheia do enorme mistério humaníssimo das ondas noturnas.
A lua sobe no horizonte
E a minha infância feliz acorda, como uma lágrima, em mim.
O meu passado ressurge, como se esse grito marítimo
Fosse um aroma, uma voz, o eco duma canção
Que fosse chamar ao meu passado
Por aquela felicidade que nunca mais tornarei a ter.

Era na velha casa sossegada ao pé do rio...
(As janelas do meu quarto, e as da casa de jantar também,
Davam, por sobre umas casas baixas, para o rio próximo,
Para o Tejo, este mesmo Tejo, mas noutro ponto, mais abaixo...
Se eu agora chegasse às mesmas janelas não chegava às mesmas
[janelas
Aquele tempo passou como o fumo dum vapor no mar alto...)

Uma inexplicável ternura,
Um remorso comovido e lacrimoso,
Por todas aquelas vítimas – principalmente as crianças –
Que sonhei fazendo ao sonhar-me pirata antigo,
Emoção comovida, porque elas foram minhas vítimas;
Terna e suave, porque não o foram realmente;
Uma ternura confusa, como um vidro embaciado, azulada,
Canta velhas canções na minha pobre alma dolorida.

Ah, como pude eu pensar, sonhar aquelas coisas?
Que longe estou do que fui há uns momentos!
Histeria das sensações – ora estas, ora as opostas!
Na loura manhã que se ergue, como o meu ouvido só escolhe
As cousas de acordo com esta emoção – o marulho das águas,

O marulho leve das águas do rio de encontro ao cais...,
A vela passando perto do outro lado do rio,
Os montes longínquos, dum azul japonês,
As casas de Almada,
E o que há de suavidade e de infância na hora matutina!...

Uma gaivota que passa,
E a minha ternura é maior.
Mas todo este tempo não estive a reparar para nada.
Tudo isto foi um impressão só da pele, como uma carícia.
Todo este tempo não tirei os olhos do meu sonho longínquo,
Da minha casa ao pé do rio,
Da minha infância ao pé do rio,
Das janelas do meu quarto dando para o rio de noite,
E a paz do luar esparso nas águas...

Minha velha tia, que me amava por causa do filho que perdeu...,
Minha velha tia costumava adormecer-me cantando-me
(Se bem que eu fosse já crescido demais para isso)...
Lembro-me e as lágrimas caem sobre o meu coração e lavam-o da
[vida,
E ergue-se uma leve brisa marítima dentro de mim.
Às vezes ela cantava a "Nau Catrineta":

> *Lá vai a Nau Catrineta*
> *Por sobre as águas do mar...*

E outras vezes, numa melodia muito saudosa e tão medieval,
Era a "Bela Infanta"... Relembro, e a pobre velha voz ergue-se dentro
[de mim
E lembra-me que pouco me lembrei dela depois, e ela amava-me
[tanto!

Como fui ingrato para ela – e afinal que fiz eu da vida?
Era a "Bela Infanta"... Eu fechava os olhos, e ela cantava:

> *Estando a Bela Infanta*
> *No seu jardim assentada...*

Eu abria um pouco os olhos e via a janela cheia de luar
E depois fechava os olhos outra vez, e em tudo isto era feliz.

> *Estando a Bela Infanta*
> *No seu jardim assentada,*
> *Seu pente de ouro na mão,*
> *Seus cabelos penteava...*

Ó meu passado de infância, boneco que me partiram!
Não poder viajar pra o passado, para aquela casa e aquela afeição,
E ficar lá sempre, sempre criança e sempre contente!

Mas tudo isto foi o Passado, lanterna a uma esquina de rua velha.
Pensar nisto faz frio, faz fome duma cousa que se não pode obter.
Dá-me não sei que remorso absurdo pensar nisto.
Oh turbilhão lento de sensações desencontradas!
Vertigem tênue de confusas coisas na alma!
Fúrias partidas, ternuras como carrinhos de linha com que as crianças
[brincam,
Grandes desabamentos de imaginação sobre os olhos dos sentidos,
Lágrimas, lágrimas inúteis,
Leves brisas de contradição roçando pela face a alma...
Evoco, por um esforço voluntário, para sair desta emoção,
Evoco, com um esforço desesperado, sêco, nulo,
A canção do Grande Pirata, quando estava a morrer:

> *Fifteen men on the Dead Man's Chest.*
> *Yo-ho-ho and a bottle of rum!*

Mas a canção é uma linha reta mal traçada dentro de mim...

Esforço-me e consigo chamar outra vez ante os meus olhos na alma,
Outra vez, mas através duma imaginação quase literária,
A fúria da pirataria, da chacina, o apetite, quase do paladar, do saque,
Da chacina inútil de mulheres e de crianças,
Da tortura fútil, e só para nos distrairmos, dos passageiros pobres,
E a sensualidade de escangalhar e partir as coisas mais queridas dos
                                                    [outros,
Mas sonho isto tudo com um medo de qualquer coisa a respirar-me
                                                    [sobre a nuca.

Lembro-me de que seria interessante
Enforcar os filhos à vista das mães
(Mas sinto-me sem querer as mães deles),
Enterrar vivas nas ilhas desertas as crianças de quatro anos
Levando os pais em barcos até lá para verem
(Mas estremeço, lembrando-me dum filho que não tenho e está
                                       [dormindo tranquilo em casa).

Aguilhoo uma ânsia fria dos crimes marítimos,
Duma inquisição sem a desculpa da Fé,
Crimes nem sequer com razão de ser de maldade e de fúria,
Feitos a frio, nem sequer para ferir, nem sequer para fazer mal,
Nem sequer para nos divertirmos, mas apenas para passar o tempo,
Como quem faz paciências a uma mesa de jantar de província com a
               [toalha atirada pra o outro lado da mesa depois de jantar,
Só pelo suave gosto de cometer crimes abomináveis e não os achar
                                                    [grande coisa,
De ver sofrer até ao ponto da loucura e da morte-pela-dor mas nunca
                                                    [deixar chegar lá...
Mas a minha imaginação recusa-se a acompanhar-me.
Um calafrio arrepia-me.

E de repente, mais de repente do que da outra vez, de mais longe, de
[mais fundo,
De repente – oh pavor por todas as minhas veias! –,

Oh frio repentino da porta para o Mistério que se abriu dentro de mim
[e deixou entrar uma corrente de ar!
Lembro-me de Deus, do Transcendental da vida, e de repente
A velha voz do marinheiro inglês Jim Barns, com quem eu falava,
Tornada voz das ternuras misteriosas dentro de mim, das pequenas
[coisas de regaço de mãe e de fita de cabelo de irmã,
Mas estupendamente vinda de além da aparência das coisas,
A Voz surda e remota tornada A Voz Absoluta, a Voz Sem Boca,
Vinda de sobre e de dentro da solidão noturna dos mares,
Chama por mim, chama por mim, chama por mim...

Vem surdamente, como se fosse suprimida e se ouvisse,
Longinquamente, como se estivesse soando noutro lugar e aqui não
[se pudesse ouvir,
Como um soluço abafado, uma luz que se apaga, um hálito silencioso,
De nenhum lado do espaço, de nenhum local no tempo,
O grito eterno e noturno, o sopro fundo e confuso:
Ahô-ô-ô-ô-ô-ô-ô-ô-ô-ô-ô-ô-ô – yyy......
Ahô-ô-ô-ô-ô-ô-ô-ô-ô-ô-ô-ô-ô-ô – yyy......
Schooner ahô-ô-ô-ô-ô-ô-ô-ô-ô-ô-ô-ô-ô-ô-ô – yy......

Tremo com frio da alma repassando-me o corpo
E abro de repente os olhos, que não tinha fechado.
Ah, que alegria a de sair dos sonhos de vez!
Eis outra vez o mundo real, tão bondoso para os nervos!
Ei-lo a esta hora matutina em que entram os paquetes que chegam
[cedo.

Já não me importa o paquete que entrava. Ainda está longe.
Só o que está perto agora me lava a alma.
A minha imaginação higiênica, forte, prática,
Preocupa-se agora apenas com as coisas modernas e úteis,
Com os navios de carga, com os paquetes e os passageiros,
Com as fortes coisas imediatas, modernas, comerciais, verdadeiras.
Abranda o seu giro dentro de mim o volante.

Maravilhosa vida marítima moderna,
Toda limpeza, máquinas e saúde!
Tudo tão bem arranjado, tão espontaneamente ajustado,
Todas as peças das máquinas, todos os navios pelos mares,
Todos os elementos da atividade comercial de exportação e importação
Tão maravilhosamente combinando-se
Que corre tudo como se fosse por leis naturais,
Nenhuma coisa esbarrando com outra!

Nada perdeu a poesia. E agora há a mais as máquinas
Com a sua poesia também, e todo o novo gênero de vida
Comercial, mundana, intelectual, sentimental,
Que a era das máquinas veio trazer para as almas.
As viagens agora são tão belas como eram dantes
E um navio será sempre belo, só porque é um navio.
Viajar ainda é viajar e o longe está sempre onde esteve –
Em parte nenhuma, graças a Deus!
Os portos cheios de vapores de muitas espécies!
Pequenos, grandes, de várias cores, com várias disposições de vigias,
De tão deliciosamente tantas companhias de navegação!
Vapores nos portos, tão individuais na separação destacada dos
                                        [ancoramentos!
Tão prazenteiro o seu garbo quieto de cousas comerciais que andam
                                        [no mar,
No velho mar sempre o homérico, ó Ulisses!

O olhar humanitário dos faróis na distância da noite,
Ou o súbito farol próximo na noite muito escura
("Que perto da terra que estávamos passando!" E o som da água
[canta-nos ao ouvido)!...

Tudo isto hoje é como sempre foi, mas há o comércio;
E o destino comercial dos grandes vapores
Envaidece-me da minha época!
A mistura de gente a bordo dos navios de passageiros
Dá-me o orgulho moderno de viver numa época onde é tão fácil
Misturarem-se as raças, transporem-se os espaços, ver com facilidade
[todas as coisas,
E gozar a vida realizando um grande número de sonhos.

Limpos, regulares, modernos como um escritório com *guichets* em
[redes de arame amarelo,
Meus sentimentos agora, naturais e comedidos como *gentlemen,*
São práticos, longe de desvairamentos, enchem de ar marítimo os
[pulmões,
Como gente perfeitamente consciente de como é higiênico respirar
[o ar do mar.

O dia é perfeitamente já de horas de trabalho.
Começa tudo a movimentar-se, a regularizar-se.
Com um grande prazer natural e direto percorro a alma
Todas as operações comerciais necessárias a um embarque de
[mercadorias.
A minha época é o carimbo que levam todas as faturas,
E sinto que todas as cartas de todos os escritórios
Deviam ser endereçadas a mim.
Um conhecimento de bordo tem tanta individualidade,
E uma assinatura de comandante de navio é tão bela e moderna!
Rigor comercial do princípio e do fim das cartas:

Dear Sirs – Messieurs – Amigos e Srs.,
Yours faithfully – ... nos salutations empressées...
Tudo isto não é só humano e limpo, mas também belo,
E tem ao fim um destino marítimo, um vapor onde embarquem
As mercadorias de que as cartas e as faturas tratam.

Complexidade da vida! As faturas são feitas por gente
Que tem amores, ódios, paixões políticas, às vezes crimes –
E são tão bem escritas, tão alinhadas, tão independentes de tudo isso!
Há quem olhe para uma fatura e não sinta isto.
Com certeza que tu, Cesário Verde, o sentias.
Eu é até às lágrimas que o sinto humanissimamente.
Venham dizer-me que não há poesia no comércio, nos escritórios!
Ora, ela entra por todos os poros... Neste ar marítimo respiro-a,
Porque tudo isto vem a propósito dos vapores, da navegação moderna,
Porque as faturas e as cartas comerciais são o princípio da história
E os navios que levam as mercadorias pelo mar eterno são o fim.

Ah, e as viagens, as viagens de recreio, e as outras,
As viagens por mar, onde todos somos companheiros dos outros
Duma maneira especial, como se um mistério marítimo
Nos aproximasse as almas e nos tomasse um momento
Patriotas transitórios duma mesma pátria incerta,
Eternamente deslocando-se sobre a imensidade das águas!
Grandes hotéis do Infinito, oh transatlânticos meus!
Com o cosmopolitismo perfeito e total de nunca pararem num ponto
E conterem todas as espécies de trajes, de caras, de raças!

As viagens, os viajantes – tantas espécies deles!
Tanta nacionalidade sobre o mundo! tanta profissão! tanta gente!
Tanto destino diverso que se pode dar à vida,
À vida, afinal, no fundo sempre, sempre a mesma!
Tantas caras curiosas! Todas as caras são curiosas
E nada traz tanta religiosidade como olhar muito para gente.

A fraternidade afinal não é uma ideia revolucionária.
É uma coisa que a gente aprende pela vida fora, onde tem que tolerar
[tudo,
E passa a achar graça ao que tem que tolerar,
E acaba quase a chorar de ternura sobre o que tolerou!

Ah, tudo isto é belo, tudo isto é humano e anda ligado
Aos sentimentos humanos, tão coniventes e burgueses,
Tão complicadamente simples, tão metafisicamente tristes!
A vida flutuante, diversa, acaba por nos educar no humano.
Pobre gente! pobre gente toda a gente!
Despeço-me desta hora no corpo deste outro navio
Que vai agora saindo. É um *tramp-steamer* inglês,
Muito sujo, como se fosse um navio francês,
Com um ar simpático de proletário dos mares,
E sem dúvida anunciado ontem na última página das gazetas.

Enternece-me o pobre vapor, tão humilde vai ele e tão natural.
Parece ter um certo escrúpulo não sei em quê, ser pessoa honesta,
Cumpridora duma qualquer espécie de deveres.
Lá vai ele deixando o lugar defronte do cais onde estou.
Lá vai ele tranquilamente, passando por onde as naus estiveram
Outrora, outrora...
Para Cardiff? Para Liverpool? Para Londres? Não tem importância.
Ele faz o seu dever. Assim façamos nós o nosso. Bela vida!
Boa viagem! Boa viagem!
Boa viagem, meu pobre amigo casual, que me fizeste o favor
De levar contigo a febre e a tristeza dos meus sonhos,
E restituir-me à vida para olhar para ti e te ver passar.
Boa viagem! Boa viagem! A vida é isto...

Que aprumo tão natural, tão inevitavelmente matutino
Na tua saída do porto de Lisboa, hoje!

Tenho-te uma afeição curiosa e grata por isso...
Por isso quê? Sei lá o que é!... Vai... Passa...
Com um ligeiro estremecimento,
(T-t--t---t----t-----t...)
O volante dentro de mim para.
Passa, lento vapor, passa e não fiques...
Passa de mim, passa da minha vista,
Vai-te de dentro do meu coração,
Perde-te no Longe, no Longe, bruma de Deus,
Perde-te, segue o teu destino e deixa-me...
Eu quem sou para que chore e interrogue?
Eu quem sou para que te fale e te ame?
Eu quem sou para que me perturbe ver-te?
Larga do cais, cresce o sol, ergue-se ouro,
Luzem os telhados dos edifícios do cais,
Todo o lado de cá da cidade brilha...
Parte, deixa-me, torna-te
Primeiro o navio a meio do rio, destacado e nítido,
Depois o navio a caminho da barra, pequeno e preto,
Depois ponto vago no horizonte (ó minha angústia!),
Ponto cada vez mais vago no horizonte...
Nada depois, e só eu e a minha tristeza,
E a grande cidade agora cheia de sol
E a hora real e nua como um cais já sem navios,
E o giro lento do guindaste que, como um compasso que gira,
Traça um semicírculo de não sei que emoção
No silêncio comovido da minh'alma...

LISBON REVISITED

1923

Não: não quero nada.
Já disse que não quero nada.

Não me venham com conclusões!
A única conclusão é morrer.

Não me tragam estéticas!
Não me falem em moral!
Tirem-me daqui a metafísica!
Não me apregoem sistemas completos, não me enfileirem conquistas
Das ciências (das ciências, Deus meu, das ciências!) –
Das ciências, das artes, da civilização moderna!

Que mal fiz eu aos deuses todos?

Se têm a verdade, guardem-a!

Sou um técnico, mas tenho técnica só dentro da técnica.
Fora disso sou doido, com todo o direito a sê-lo.
Com todo o direito a sê-lo, ouviram?

Não me macem, por amor de Deus!

Queriam-me casado, fútil, quotidiano e tributável?
Queriam-me o contrário disto, o contrário de qualquer coisa?
Se eu fosse outra pessoa, fazia-lhes, a todos, a vontade.
Assim, como sou, tenham paciência!
Vão para o diabo sem mim,
Ou deixem-me ir sozinho para o diabo!
Para que havemos de ir juntos?

Não me peguem no braço!
Não gosto que me peguem no braço. Quero ser sozinho.
Já disse que sou sozinho!
Ah, que maçada quererem que eu seja da companhia!

Ó céu azul – o mesmo da minha infância –
Eterna verdade vazia e perfeita!
Ó macio Tejo ancestral e mudo,
Pequena verdade onde o céu se reflete!
Ó mágoa revisitada, Lisboa de outrora de hoje!
Nada me dais, nada me tirais, nada sois que eu me sinta.

Deixem-me em paz! Não tardo, que eu nunca tardo...
E enquanto tarda o Abismo e o Silêncio quero estar sozinho!

DOIS EXCERTOS DE ODES
(FINS DE DUAS ODES, NATURALMENTE)

30/6/1914

I

VEM, NOITE, antiquíssima e idêntica,
Noite Rainha nascida destronada,
Noite igual por dentro ao silêncio, Noite
Com as estrelas lantejoulas rápidas
No teu vestido franjado de Infinito.

Vem, vagamente,
Vem, levemente,
Vem sozinha, solene, com as mãos caídas
Ao teu lado, vem
E traz os montes longínquos para o pé das árvores próximas,
Funde num campo teu todos os campos que vejo,
Faze da montanha um bloco só do teu corpo,
Apaga-lhe todas as diferenças que de longe vejo,
Todas as estradas que a sobem,
Todas as várias árvores que a fazem verde-escuro ao longe.
Todas as casas brancas e com fumo entre as árvores,
E deixa só uma luz e outra luz e mais outra,
Na distância imprecisa e vagamente perturbadora,
Na distância subitamente impossível de percorrer.

Nossa Senhora
Das coisas impossíveis que procuramos em vão,

Dos sonhos que vêm ter conosco ao crepúsculo, à janela,
Dos propósitos que nos acariciam
Nos grandes terraços dos hotéis cosmopolitas
Ao som europeu das músicas e das vozes longe e perto,
E que doem por sabermos que nunca os realizaremos...
Vem, e embala-nos,
Vem e afaga-nos,
Beija-nos silenciosamente na fronte,
Tão levemente na fronte que não saibamos que nos beijam
Senão por uma diferença na alma
E um vago soluço partindo melodiosamente
Do antiquíssimo de nós
Onde têm raiz todas essas árvores de maravilha
Cujos frutos são os sonhos que afagamos e amamos
Porque os sabemos fora de relação com o que há na vida.

Vem soleníssima,
Soleníssima e cheia
De uma oculta vontade de soluçar,
Talvez porque a alma é grande e a vida pequena,
E todos os gestos não saem do nosso corpo
E só alcançamos onde o nosso braço chega,
E só vemos até onde chega o nosso olhar.

Vem, dolorosa,
Mater-Dolorosa das Angústias dos Tímidos,
Turris-Ebúrnea das Tristezas dos Desprezados,
Mão fresca sobre a testa em febre dos humildes,
Sabor de água sobre os lábios secos dos Cansados.
Vem, lá do fundo
Do horizonte lívido,

Vem e arranca-me
Do solo de angústia e de inutilidade
Onde vicejo.
Apanha-me do meu solo, malmequer esquecido,
Folha a folha lê em mim não sei que sina
E desfolha-me para teu agrado,
Para teu agrado silencioso e fresco.
Uma folha de mim lança para o Norte,
Onde estão as cidades de Hoje que eu tanto amei;
Outra folha de mim lança para o Sul,
Onde estão os mares que os Navegadores abriram;
Outra folha minha atira ao Ocidente,
Onde arde ao rubro tudo o que talvez seja o Futuro,
Que eu sem conhecer adoro;
E a outra, as outras, o resto de mim
Atira ao Oriente,
Ao Oriente donde vem tudo, o dia e a fé,
Ao Oriente pomposo e fanático e quente,
Ao Oriente excessivo que eu nunca verei,
Ao Oriente budista, bramânico, sintoísta,
Ao Oriente que tudo o que nós não temos,
Que tudo o que nós não somos,
Ao Oriente onde – quem sabe? – Cristo talvez ainda hoje viva,
Onde Deus talvez exista realmente e mandando tudo...

Vem sobre os mares,
Sobre os mares maiores,
Sobre os mares sem horizontes precisos,
Vem e passa a mão pelo dorso de fera,
E acalma-o misteriosamente,
Ó domadora hipnótica das coisas que se agitam muito!

Vem, cuidadosa,
Vem, maternal,
Pé ante pé enfermeira antiquíssima, que te sentaste
À cabeceira dos deuses das fés já perdidas,
E que viste nascer Jeová e Júpiter,
E sorriste porque tudo te é falso e inútil.

Vem, Noite silenciosa e extática,
Vem envolver na noite manto branco
O meu coração...
Serenamente como uma brisa na tarde leve,
Tranquilamente como um gesto materno afagando,
Com as estrelas luzindo nas tuas mãos
E a lua máscara misteriosa sobre a tua face.
Todos os sons soam de outra maneira
Quando tu vens.
Quando tu entras baixam todas as vozes,
Ninguém te vê entrar,
Ninguém sabe quando entraste,
Senão de repente, vendo que tudo se recolhe,
Que tudo perde as arestas e as cores,
E que no alto céu ainda claramente azul
Já crescente nítido, ou círculo branco, ou mera luz nova que vem,

A lua começa a ser real.

II

Ah o crepúsculo, o cair da noite, o acender das luzes nas grandes
[cidades
E a mão de mistério que abafa o bulício,
E o cansaço de tudo em nós que nos corrompe
Para uma sensação exata e precisa e ativa da Vida!

Cada rua é um canal de uma Veneza de tédios
E que misterioso o fundo unânime das ruas,
Das ruas ao cair da noite, ó Cesário Verde, ó Mestre,
Ó do "Sentimento de um Ocidental"!

Que inquietação profunda; que desejo de outras coisas,
Que nem são países, nem momentos, nem vidas,
Que desejo talvez de outros modos de estados de alma
Umedece interiormente o instante lento e longínquo!

Um horror sonâmbulo entre luzes que se acendem,
Um pavor terno e líquido, encostado às esquinas
Como um mendigo de sensações impossíveis
Que não sabe quem lhas possa dar...

Quando eu morrer,
Quando me for, ignobilmente, como toda a gente,
Por aquele caminho cuja ideia se não pode encarar de frente,
Por aquela porta a que, se pudéssemos assomar, não assomaríamos,
Para aquele porto que o capitão do Navio não conhece,
Seja por esta hora condigna dos tédios que tive,
Por esta hora mística e espiritual e antiquíssima,
Por esta hora em que talvez, há muito mais tempo do que parece,
Platão sonhando viu a ideia de Deus
Esculpir corpo e existência nitidamente plausível
Dentro do seu pensamento exteriorizado como um campo.

Seja por esta hora que me leveis a enterrar,
Por esta hora que eu não sei como viver,
Em que não sei que sensações ter ou fingir que tenho,
Por esta hora cuja misericórdia é torturada e excessiva,
Cujas sombras vêm de qualquer outra coisa que não as coisas,

Cuja passagem não roça vestes no chão da Vida Sensível
Nem deixa perfume nos caminhos do Olhar.

Cruza as mãos sobre o joelho, ó companheira que eu não tenho nem
[quero ter.
Cruza as mãos sobre o joelho e olha-me em silêncio
A esta hora em que eu não posso ver que tu me olhas,
Olha-me em silêncio e em segredo e pergunta a ti própria
– Tu que me conheces – quem eu sou...

15/4/1928

Mestre, meu mestre querido!
Coração do meu corpo intelectual e inteiro!
Vida da origem da minha inspiração!
Mestre, que é feito de ti nesta forma de vida?

Não cuidaste se morrerias, se viverias, nem de ti nem de nada,
Alma abstrata e visual até aos ossos,
Atenção maravilhosa ao mundo exterior sempre múltiplo,
Refúgio das saudades de todos os deuses antigos,
Espírito humano da terra materna,
Flor acima do dilúvio da inteligência subjetiva...

Mestre, meu mestre!
Na angústia sensacionista de todos os dias sentidos,
Na mágoa quotidiana das matemáticas de ser,
Eu, escravo de tudo como um pó de todos os ventos,
Ergo as mãos para ti, que estás longe, tão longe de mim!

Meu mestre e meu guia!
A quem nenhuma coisa feriu, nem doeu, nem perturbou,
Seguro como um sol fazendo o seu dia involuntariamente,
Natural como um dia mostrando tudo,
Meu mestre, meu coração não aprendeu a tua serenidade.
Meu coração não aprendeu nada.

Meu coração não é nada,
Meu coração está perdido.

Mestre, só seria como tu se tivesse sido tu.
Que triste a grande hora alegre em que primeiro te ouvi!
Depois tudo é cansaço neste mundo subjetivado,
Tudo é esforço neste mundo onde se querem coisas,
Tudo é mentira neste mundo onde se pensam coisas
Tudo é outra coisa neste mundo onde tudo se sente.
Depois, tenho sido como um mendigo deixado ao relento
Pela indiferença de toda a vila.
Depois, tenho sido como as ervas arrancadas,

Deixadas aos molhos em alinhamentos sem sentido.
Depois, tenho sido eu, sim eu, por minha desgraça,
E eu, por minha desgraça, não sou eu nem outro nem ninguém.
Depois, mas por que é que ensinaste a clareza da vista,
Se não me podias ensinar a ter a alma com que a ver clara?
Por que é que me chamaste para o alto dos montes
Se eu, criança das cidades do vale, não sabia respirar?
Por que é que me deste a tua alma se eu não sabia que fazer dela
Como quem está carregado de ouro num deserto,
Ou canta com voz divina entre ruínas?
Por que é que me acordaste para a sensação e a nova alma,
Se eu não saberei sentir, se a minha alma é de sempre a minha?

Prouvera ao Deus ignoto que eu ficasse sempre aquêle
Poeta decadente, estupidamente pretensioso,
Que poderia ao menos vir a agradar,
E não surgisse em mim a pavorosa ciência de ver.
Para que me tornaste eu? Deixasses-me ser humano!

Feliz o homem marçano,
Que tem a sua tarefa quotidiana normal, tão leve ainda que pesada,
Que tem a sua vida usual,
Para quem o prazer é prazer e o recreio é recreio,
Que dorme sono,
Que come comida,
Que bebe bebida, e por isso tem alegria.

A calma que tinhas, deste-ma, e foi-me inquietação.
Libertaste-me, mas o destino humano é ser escravo.
Acordaste-me, mas o sentido de ser humano é dormir.

11/5/1928

Na noite terrível, substância natural de todas as noites,
Na noite de insônia, substância natural de todas as minhas noites,
Relembro, velando em modorra incômoda,
Relembro o que fiz e o que podia ter feito na vida.
Relembro, e uma angústia
Espalha-se por mim todo como um frio do corpo ou um medo.
O irreparável do meu passado – esse é que é o cadáver!
Todos os outros cadáveres pode ser que sejam ilusão.
Todos os mortos pode ser que sejam vivos noutra parte.
Todos os meus próprios momentos passados pode ser que existam
                                                    [algures,
Na ilusão do espaço e do tempo,
Na falsidade do decorrer.

Mas o que eu não fui, o que eu não fiz, o que nem sequer sonhei;
O que só agora vejo que deveria ter feito,
O que só agora claramente vejo que deveria ter sido –
Isso é que é morto para além de todos os Deuses,
Isso – e foi afinal o melhor de mim – é que nem os Deuses fazem
                                                    [viver...

Se em certa altura
Tivesse voltado para a esquerda em vez de para a direita;
Se em certo momento
Tivesse dito sim em vez de não, ou não em vez de sim;

Se em certa conversa
Tivesse tido as frases que só agora, no meio-sono, elaboro –
Se tudo isso tivesse sido assim,
Seria outro hoje, e talvez o universo inteiro
Seria insensivelmente levado a ser outro também.

Mas não virei para o lado irreparavelmente perdido,
Não virei nem pensei em virar, e só agora o percebo;
Mas não disse não ou não disse sim, e só agora vejo o que não disse;
Mas as frases que faltou dizer nesse momento surgem-me todas,
Claras, inevitáveis, naturais,
A conversa fechada concludentemente,
A matéria toda resolvida...
Mas só agora o que nunca foi, nem será para trás, me dói.

O que falhei deveras não tem esperança nenhuma
Em sistema metafísico nenhum.
Pode ser que para outro mundo eu possa levar o que sonhei,
Mas poderei eu levar para outro mundo o que me esqueci de sonhar?
Esses sim, os sonhos por haver, é que são o cadáver.
Enterro-o no meu coração para sempre, para todo o tempo, para
[todos os universos,

Nesta noite em que não durmo, e o sossego me cerca
Como uma verdade de que não partilho,
E lá fora o luar, como a esperança que não tenho, é invisível p'ra mim.

ADIAMENTO

14/4/1928

Depois de amanhã, sim, só depois de amanhã...
Levarei amanhã a pensar em depois de amanhã,
E assim será possível; mas hoje não...
Não, hoje nada; hoje não posso.
A persistência confusa da minha subjetividade objetiva,
O sono da minha vida real, intercalado,
O cansaço antecipado e infinito,
Um cansaço de mundos para apanhar um elétrico...
Esta espécie de alma...
                        Só depois de amanhã...
Hoje quero preparar-me,
Quero preparar-me para pensar amanhã no dia seguinte...
Ele é que é decisivo.
Tenho já o plano traçado; mas não, hoje não traço planos.
Amanhã é o dia dos planos.
Amanhã sentar-me-ei à secretária para conquistar o mundo;
Mas só conquistarei o mundo depois de amanhã...
Tenho vontade de chorar,
Tenho vontade de chorar muito de repente, de dentro...

Não, não queiram saber mais nada, é segredo, não digo.
Só depois de amanhã...
Quando era criança o circo de domingo divertia-me toda a semana.
Hoje só me diverte o circo de domingo de toda a semana da minha
                                [infância...
Depois de amanhã serei outro,
A minha vida triunfar-se-á,
Todas as minhas qualidades reais de inteligente, lido e prático

Serão convocadas por um edital...
Mas por um edital de amanhã...
Hoje quero dormir, redigirei amanhã...
Por hoje, qual é o espetáculo que me repetiria a infância?
Mesmo para eu comprar os bilhetes amanhã,
Que depois de amanhã é que está bem o espetáculo...
Antes, não...
Depois de amanhã terei a pose pública que amanhã estudarei.
Depois de amanhã serei finalmente o que hoje não posso nunca ser.
Só depois de amanhã...
Tenho sono como o frio de um cão vadio.
Tenho muito sono.
Amanhã te direi as palavras, ou depois de amanhã...
Sim, talvez só depois de amanhã...

O porvir...
Sim, o porvir...

TABACARIA

15/1/1928

Não sou nada.
Nunca serei nada.
Não posso querer ser nada.
À parte isso, tenho em mim todos os sonhos do mundo.

Janelas do meu quarto,
Do meu quarto de um dos milhões do mundo que ninguém sabe
[quem é
(E se soubessem quem é, o que saberiam?),
Dais para o mistério de uma rua cruzada constantemente por gente,
Para uma rua inacessível a todos os pensamentos,
Real, impassivelmente real, certa, desconhecidamente certa,
Com o mistério das coisas por baixo das pedras e dos seres,
Com a morte a pôr umidade nas paredes e cabelos brancos nos
[homens.
Com o Destino a conduzir a carroça de tudo pela estrada de nada.
Estou hoje vencido, como se soubesse a verdade.
Estou hoje lúcido, como se estivesse para morrer,
E não tivesse mais irmandade com as coisas
Senão uma despedida, tornando-se esta casa e este lado da rua
A fileira de carruagens de um comboio, e uma partida apitada
De dentro da minha cabeça,
E uma sacudidela dos meus nervos e um ranger de ossos na ida.

Estou hoje perplexo, como quem pensou e achou e esqueceu.
Estou hoje dividido entre a lealdade que devo
À Tabacaria do outro lado da rua, como coisa real por fora,
E à sensação de que tudo é sonho, como coisa real por dentro.

Falhei em tudo.
Como não fiz propósito nenhum, talvez tudo fosse nada.
A aprendizagem que me deram,
Desci dela pela janela das traseiras da casa.
Fui até ao campo com grandes propósitos.
Mas lá encontrei só ervas e árvores,
E quando havia gente era igual à outra.
Saio da janela, sento-me numa cadeira. Em que hei de pensar?

Que sei eu do que serei, eu que não sei o que sou?
Ser o que penso? Mas penso ser tanta coisa!
E há tantos que pensam ser a mesma coisa que não pode haver
[tantos!
Gênio? Neste momento
Cem mil cérebros se concebem em sonho gênios como eu,
E a história não marcará, quem sabe?, nem um,
Nem haverá senão estrume de tantas conquistas futuras.
Não, não creio em mim.
Em todos os manicômios há doidos malucos com tantas certezas!
Eu, que não tenho nenhuma certeza, sou mais certo ou menos certo?
Não, nem em mim...
Em quantas mansardas e não mansardas do mundo
Não estão nesta hora gênios-para-si-mesmos sonhando?
Quantas aspirações altas e nobres e lúcidas –
Sim, verdadeiramente altas e nobres e lúcidas –,
E quem sabe se realizáveis,
Nunca verão a luz do sol real nem acharão ouvidos de gente?
O mundo é para quem nasce para o conquistar
E não para quem sonha que pode conquistá-lo, ainda que tenha razão.
Tenho sonhado mais que o que Napoleão fez.
Tenho apertado ao peito hipotético mais humanidades do que Cristo
Tenho feito filosofias em segredo que nenhum Kant escreveu.
Mas sou, e talvez serei sempre, o da mansarda,
Ainda que não more nela;

Serei sempre *o que não nasceu para isso;*
Serei sempre só *o que tinha qualidades;*
Serei sempre o que esperou que lhe abrissem a porta ao pé de uma
[parede sem porta,
E cantou a cantiga do Infinito numa capoeira,
E ouviu a voz de Deus num poço tapado.
Crer em mim? Não, nem em nada.
Derrame-me a Natureza sobre a cabeça ardente
O seu sol, a sua chuva, o vento que me acha o cabelo,
E o resto que venha se vier, ou tiver que vir, ou não venha.
Escravos cardíacos das estrelas,
Conquistamos todo o mundo antes de nos levantar da cama;
Mas acordamos e ele é opaco,
Levantamo-nos e ele é alheio,
Saímos de casa e ele é a terra inteira,
Mais o sistema solar e a Via Láctea e o Indefinido.

(Come chocolates, pequena;
Come chocolates!
Olha que não há mais metafísica no mundo senão chocolates.
Olha que as religiões todas não ensinam mais que a confeitaria.
Come, pequena suja, come!
Pudesse eu comer chocolates com a mesma verdade com que comes!
Mas eu penso e, ao tirar o papel de prata, que é de folha de estanho,
Deito tudo para o chão, como tenho deitado a vida.)

Mas ao menos fica da amargura do que nunca serei
A caligrafia rápida destes versos,
Pórtico partido para o Impossível.
Mas ao menos consagro a mim mesmo um desprezo sem lágrimas,
Nobre ao menos no gesto largo com que atiro
A roupa suja que sou, sem rol, pra o decurso das coisas,
E fico em casa sem camisa.

(Tu, que consolas, que não existes e por isso consolas,
Ou deusa grega, concebida como estátua que fosse viva,
Ou patrícia romana, impassivelmente nobre e nefasta,
Ou princesa de trovadores, gentilíssima e colorida,
Ou marquesa do século dezoito, decotada e longínqua,
Ou cocote célebre do tempo dos nossos pais,
Ou não sei quê moderno – não concebo bem o quê –,
Tudo isso, seja o que for, que sejas, se pode inspirar que inspire!
Meu coração é um balde despejado.
Como os que invocam espíritos invocam espíritos invoco
A mim mesmo e não encontro nada.
Chego à janela e vejo a rua com uma nitidez absoluta.
Vejo as lojas, vejo os passeios, vejo os carros que passam.
Vejo os entes vivos vestidos que se cruzam,
Vejo os cães que também existem,
E tudo isto me pesa como uma condenação ao degredo,
E tudo isto é estrangeiro, como tudo.)
Vivi, estudei, amei, e até cri,
E hoje não há mendigo que eu não inveje só por não ser eu.
Olho a cada um os andrajos e as chagas e a mentira,
E penso: talvez nunca vivesses nem estudasses nem amasses nem
[cresses
(Porque é possível fazer a realidade de tudo isso sem fazer nada disso);
Talvez tenhas existido apenas, como um lagarto a quem cortam o
[rabo
E que é rabo para aquém do lagarto remexidamente.

Fiz de mim o que não soube,
E o que podia fazer de mim não o fiz.
O dominó que vesti era errado.
Conheceram-me logo por quem não era e não desmenti, e perdi-me.
Quando quis tirar a máscara,
Estava pegada à cara.
Quando a tirei e me vi ao espelho,

Já tinha envelhecido.
Estava bêbado, já não sabia vestir o dominó que não tinha tirado.
Deitei fora a máscara e dormi no vestiário
Como um cão tolerado pela gerência
Por ser inofensivo
E vou escrever esta história para provar que sou sublime.

Essência musical dos meus versos inúteis,
Quem me dera encontrar-te como coisa que eu fizesse,
E não ficasse sempre defronte da Tabacaria de defronte,
Calcando aos pés a consciência de estar existindo,
Como um tapete em que um bêbado tropeça
Ou um capacho que os ciganos roubaram e não valia nada.

Mas o Dono da Tabacaria chegou à porta e ficou à porta.
Olho-o com o desconforto da cabeça mal voltada
E com o desconforto da alma mal-entendendo.
Ele morrerá e eu morrerei.
Ele deixará a tabuleta, eu deixarei versos.
A certa altura morrerá a tabuleta também, e os versos também.
Depois de certa altura morrerá a rua onde esteve a tabuleta,
E a língua em que foram escritos os versos.
Morrerá depois o planeta girante em que tudo isto se deu.
Em outros satélites de outros sistemas qualquer coisa como gente
Continuará fazendo coisas como versos e vivendo por baixo de coisas
                                    [como tabuletas,
Sempre uma coisa defronte da outra,
Sempre uma coisa tão inútil como a outra,
Sempre o impossível tão estúpido como o real,
Sempre o mistério do fundo tão certo como o sono de mistério da
                                    [superfície,
Sempre isto ou sempre outra coisa ou nem uma coisa nem outra.

Mas um homem entrou na Tabacaria (para comprar tabaco?)
E a realidade plausível cai de repente em cima de mim.
Semiergo-me enérgico, convencido, humano,
E vou tencionar escrever estes versos em que digo o contrário.

Acendo um cigarro ao pensar em escrevê-los
E saboreio no cigarro a libertação de todos os pensamentos.
Sigo o fumo como uma rota própria,
E gozo, num momento sensitivo e competente,
A libertação de todas as especulações
E a consciência de que a metafísica é uma consequência de estar
[maldisposto.

Depois deito-me para trás na cadeira
E continuo fumando.
Enquanto o Destino mo conceder, continuarei fumando.
(Se eu casasse com a filha da minha lavadeira
Talvez fosse feliz.)
Visto isto, levanto-me da cadeira. Vou à janela.

O homem saiu da Tabacaria (metendo troco na algibeira das calças?).
Ah, conheço-o; é o Esteves sem metafísica.
(O Dono da Tabacaria chegou à porta.)
Como por um instinto divino o Esteves voltou-se e viu-me.
Acenou-me adeus, gritei-lhe *Adeus ó Esteves!*, e o universo
Reconstruiu-se-me sem ideal nem esperança, e o Dono da Tabacaria
[sorriu.

APOSTILA

11/4/1928

Aproveitar o tempo!
Mas o que é o tempo, que eu o aproveite?
Aproveitar o tempo!
Nenhum dia sem linhas...
O trabalho honesto e superior...
O trabalho à Virgílio, à Mílton...
Mas é tão difícil ser honesto ou superior!
É tão pouco provável ser Mílton ou ser Virgílio!

Aproveitar o tempo!
Tirar da alma os bocados precisos – nem mais nem menos –
Para com eles juntar os cubos ajustados
Que fazem gravuras certas na história
(E estão certas também do lado de baixo que se não vê)...
Pôr as sensações em castelo de cartas, pobre China dos serões,
E os pensamentos em dominó, igual contra igual,
E a vontade em carambola difícil...

Imagens de jogos ou de paciências ou de passatempos –
Imagens da vida, imagens das vidas, imagens da Vida.

Verbalismo...
Sim, verbalismo...
Aproveitar o tempo!
Não ter um minuto que o exame de consciência desconheça...
Não ter um ato indefinido nem factício...
Não ter um movimento desconforme com propósitos...

Boas maneiras da alma...
Elegância de persistir...

Aproveitar o tempo!
Meu coração está cansado como mendigo verdadeiro.
Meu cérebro está pronto como um fardo posto ao canto.
Meu canto (verbalismo!) está tal como está e é triste.
Aproveitar o tempo!

Desde que comecei a escrever passaram cinco minutos.
Aproveitei-os ou não?
Se não sei se os aproveitei, que saberei de outros minutos?!

(Passageira que viaja tantas vezes no mesmo compartimento comigo
No comboio suburbano,
Chegaste a interessar-te por mim?
Aproveitei o tempo olhando para ti?
Qual foi o ritmo do nosso sossego no comboio andante?
Qual foi o entendimento que não chegámos a ter?
Qual foi a vida que houve nisto? Que foi isto à vida?)

Aproveitar o tempo!
Ah, deixem-me não aproveitar nada!
Nem tempo, nem ser, nem memórias de tempo ou de ser!
Deixem-me ser uma folha de árvore, titilada por brisas,
A poeira de uma estrada involuntária e sozinha,
O regato casual das chuvas que vão acabando,
O vinco deixado na estrada pelas rodas enquanto não vêm outras,
O pião do garoto, que vai a parar,
E oscila, no mesmo movimento que o da terra,
E estremece, no mesmo movimento que o da alma,
E cai, como caem os deuses, no chão do Destino.

DEMOGORGON

12/4/1928

Na rua cheia de sol vago há casas paradas e gente que anda.
Uma tristeza cheia de pavor esfria-me.
Pressinto um acontecimento do lado de lá das frontarias e dos
[movimentos.

Não, não, isso não!
Tudo menos saber o que é o Mistério!
Superfície do Universo, ó Pálpebras Descidas,
Não vos ergais nunca!
O olhar da Verdade Final não deve poder suportar-se!

Deixai-me viver sem saber nada, e morrer sem ir saber nada!
A razão de haver ser, a razão de haver seres, de haver tudo,
Deve trazer uma loucura maior que os espaços
Entre as almas e entre as estrelas.

Não, não, a verdade não! Deixai-me estas casas e esta gente;
Assim mesmo, sem mais nada, estas casas e esta gente...
Que bafo[6] horrível e frio me toca em olhos fechados?
Não os quero abrir de viver! Ó Verdade, esquece-te de mim!

2.2. RICARDO REIS

16/6/1932

Severo narro. Quanto sinto, penso.
Palavras são ideias.
Múrmuro, o rio passa, e o que não passa,
Que é nosso, não do rio.
Assim quisesse o verso: meu e alheio
E por mim mesmo lido.

14/2/1933

Para ser grande, sê inteiro: nada
 Teu exagera ou exclui.
Sê todo em cada coisa. Põe quanto és
 No mínimo que fazes.
Assim em cada lago a lua toda
 Brilha, porque alta vive.

31/7/1930

Sereno aguarda o fim que pouco tarda.
Que é qualquer vida? Breve sóis e sono.
    Quanto pensas emprega
    Em não muito pensares.
Ao nauta o mar obscuro é a rota clara.
Tu, na confusa solidão da vida,
    A ti mesmo te elege
    (Não sabes de outro) o porto.

17/11/1923

Como se cada beijo
Fora de despedida,
Minha Cloe, beijemo-nos, amando.
Talvez que já nos toque
No ombro a mão, que chama
À barca que não vem senão vazia;
E que no mesmo feixe
Ata o que mútuos fomos
E a alheia soma universal da vida.

12/6/1914

Vem sentar-te comigo, Lídia, à beira do rio.
Sossegadamente fitemos o seu curso e aprendamos
Que a vida passa, e não estamos de mãos enlaçadas.
    (Enlacemos as mãos.)

Depois pensemos, crianças adultas, que a vida
Passa e não fica, nada deixa e nunca regressa,
Vai para um mar muito longe, para ao pé do Fado,
    Mais longe que os deuses.

Desenlacemos as mãos, porque não vale a pena cansarmo-nos.
Quer gozemos, quer não gozemos, passamos como o rio.
Mais vale saber passar silenciosamente
    E sem desassossegos grandes.

Sem amores, nem ódios, nem paixões que levantam a voz,
Nem invejas que dão movimento demais aos olhos,
Nem cuidados, porque se os tivesse o rio sempre correria,
    E sempre iria ter ao mar.

Amemo-nos tranquilamente, pensando que podíamos,
Se quiséssemos, trocar beijos e abraços e carícias,
Mas que mais vale estarmos sentados ao pé um do outro
    Ouvindo correr o rio e vendo-o.

Colhamos flores, pega tu nelas e deixa-as
No colo, e que o seu perfume suavize o momento –
Este momento em que sossegadamente não cremos em nada,
        Pagãos inocentes da decadência.

Ao menos, se for sombra antes, lembrar-te-ás de mim depois
Sem que a minha lembrança te arda ou te fira ou te mova,
Porque nunca enlaçamos as mãos, nem nos beijamos
        Nem fomos mais do que crianças.

E se antes do que eu levares o óbolo ao barqueiro sombrio,
Eu nada terei que sofrer ao lembrar-me de ti.
Ser-me-ás suave à memória lembrando-te assim – à beira-rio.
        Pagã triste e com flores no regaço.

16/6/1914

Ao longe os montes têm neve ao sol,
Mas é suave já o frio calmo
Que alisa e agudece
Os dardos do sol alto.

Hoje, Neera, não nos escondamos,
Nada nos falta, porque nada somos.
Não esperamos nada
E temos frio ao sol.

Mas tal como é, gozemos o momento.
Solenes na alegria levemente,
E aguardando a morte
Como quem a conhece.

29/8/1915

Bocas roxas de vinho,
Testas brancas sob rosas,
Nus, brancos antebraços
Deixados sobre a mesa;

Tal seja, Lídia, o quadro
Em que fiquemos, mudos,
Eternamente inscritos
Na consciência dos deuses.

Antes isto que a vida
Como os homens a vivem,
Cheia da negra poeira
Que erguem das estradas.

Só os deuses socorrem
Com seu exemplo aqueles
Que nada mais pretendem
Que ir no rio das coisas.

1/6/1916

Ouvi contar que outrora, quando a Pérsia
Tinha não sei qual guerra,
Quando a invasão ardia na Cidade
E as mulheres gritavam,
Dois jogadores de xadrez jogavam
O seu jogo contínuo.

À sombra de ampla árvore fitavam
O tabuleiro antigo,
E, ao lado de cada um, esperando os seus
Momentos mais folgados,
Quando havia movido a pedra, e agora
Esperava o adversário,
Um púcaro com vinho refrescava
Sobriamente a sua sede.

Ardiam casas, saqueadas eram
As arcas e as paredes,
Violadas, as mulheres eram postas
Contra os muros caídos,
Traspassadas de lanças, as crianças
Eram sangue nas ruas...
Mas onde estavam, perto da cidade,
E longe do seu ruído,
Os jogadores de xadrez jogavam
O jogo do xadrez.

Inda que nas mensagens do ermo vento
Lhes viessem os gritos,
E, ao refletir, soubessem desde a alma
Que por certo as mulheres
E as tenras filhas violadas eram
Nessa distância próxima.
Inda que, no momento que o pensavam,
Uma sombra ligeira
Lhes passasse na fronte alheada e vaga,
Breve seus olhos calmos
Volviam sua atenta confiança
Ao tabuleiro velho.

Quando o rei de marfim está em perigo,
Que importa a carne e o osso
Das irmãs e das mães e das crianças?
Quando a torre não cobre
A retirada da rainha branca,
O saque pouco importa.
E quando a mão confiada leva o xeque
Ao rei do adversário,
Pouco pesa na alma que lá longe
Estejam morrendo filhos.

Mesmo que, de repente, sobre o muro
Surja a sanhuda face
Dum guerreiro invasor, e breve deva
Em sangue ali cair
O jogador solene de xadrez,
O momento antes desse
(É ainda dado ao cálculo dum lance
Pra a efeito horas depois)
É ainda entregue ao jogo predileto
Dos grandes indif'rentes.

143

Caiam cidades, sofram povos, cesse
A liberdade e a vida.
Os haveres tranquilos e avitos
Ardem e que se arranquem,
Mas quando a guerra os jogos interrompa,
Esteja o rei sem xeque,
E o de marfim peão mais avançado
Pronto a comprar a torre.

Meus irmãos em amarmos Epicuro
E o entendermos mais
De acordo com nós-próprios que com ele,
Aprendamos na história
Dos calmos jogadores de xadrez
Como passar a vida.

Tudo o que é sério pouco nos importe,
O grave pouco pese.
O natural impulso dos instintos
Que ceda ao inútil gozo
(Sob a sombra tranquila do arvoredo)
De jogar um bom jogo.

O que levamos desta vida inútil
Tanto vale se é
A glória, a fama, o amor, a ciência, a vida,
Como se fosse apenas
A memória de um jogo bem jogado
E uma partida ganha
A um jogador melhor.

A glória pesa como um fardo rico,
A fama como a febre,
O amor cansa, porque é a sério e busca,
A ciência nunca encontra,
E a vida passa e dói porque o conhece...
O jogo do xadrez
Prende a alma toda, mas, perdido, pouco
Pesa, pois não é nada.

Ah! sob as sombras que sem q'rer nos amam,
Com um púcaro de vinho
Ao lado, e atentos só à inútil faina
Do jogo do xadrez
Mesmo que o jogo seja apenas sonho
E não haja parceiro,
Imitemos os persas desta história,
E, enquanto lá fora,
Ou perto ou longe, a guerra e a pátria e a vida
Chamam por nós, deixemos
Que em vão nos chamem, cada um de nós
Sob as sombras amigas
Sonhando, ele os parceiros, e o xadrez
A sua indiferença.

1/6/1916

Prefiro rosas, meu amor, à pátria,
E antes magnólias amo
Que a glória e a virtude.

Logo que a vida me não canse, deixo
Que a vida por mim passe
Logo que eu fique o mesmo.

Que importa àquele a quem já nada importa
Que um perca e outro vença,
Se a aurora raia sempre,

Se cada ano com a primavera
As folhas aparecem
E com o outono cessam?

E o resto, as outras coisas que os humanos
Acrescentam à vida,
Que me aumentam na alma?

Nada, salvo o desejo de indif'rença
E a confiança mole
Na hora fugitiva.

10/8/1932

Ninguém a outro ama, senão que ama
O que de si há nele, ou é suposto.
Nada te pese que não te amem. Sentem-te
    Quem és, e és estrangeiro.
Cura de ser quem és, amam-te ou nunca.
Firme contigo, sofrerás avaro
    De penas.

9/6/1932

Lídia, ignoramos. Somos estrangeiros
Onde que[7] que estejamos.

Lídia, ignoramos. Somos estrangeiros
Onde quer que moremos. Tudo é alheio
Nem fala língua nossa.
Façamos de nós mesmos o retiro
Onde esconder-nos, tímidos do insulto
Do tumulto do mundo.
Que quer o amor mais que não ser dos outros?
Como um segredo dito nos mistérios,
Seja sacro por nosso.

28/9/1932

Nada fica de nada. Nada somos.
Um pouco ao sol e ao ar nos atrasamos
Da irrespirável treva que nos pese
Da humilde terra imposta,
Cadáveres adiados que procriam.

Leis feitas, estátuas vistas, odes findas –
Tudo tem cova sua. Se nós, carnes
A que um íntimo sol dá sangue, temos
Poente, por que não elas?
Somos contos contando contos, nada.

2/3/1933

Quero ignorado, e calmo
Por ignorado, e próprio
Por calmo, encher meus dias
De não querer mais deles.

Aos que a riqueza toca
O ouro irrita a pele
Aos que a fama bafeja
Embacia-se a vida.

Aos que a felicidade
É sol, virá a noite.
Mas ao que nada 'spera
Tudo que vem é grato.

13/6/1926

Já sobre a fronte vã se me acinzenta
O cabelo do jovem que perdi.
　　Meus olhos brilham menos.
Já não tem jus a beijos minha boca.
Se me ainda amas, por amor não ames:
　　Traíras-me comigo.

13/6/1926

Não só vinho, mas nele o olvido, deito
Na taça: serei ledo, porque a dita
    É ignara. Quem, lembrando
    Ou prevendo, sorrira?
Dos brutos, não a vida, senão a alma,
Consigamos, pensando; recolhidos
    No impalpável destino
    Que não 'spera nem lembra.
Com mão mortal elevo à mortal boca
Em frágil taça o passageiro vinho,
    Baços os olhos feitos
    Para deixar de ver.

13/6/1926

Quanta tristeza e amargura afoga
Em confusão a 'streita vida! Quanto
    Infortúnio mesquinho
    Nos oprime supremo!
Feliz é[8] o bruto que nos verdes campos
Pasce, para si mesmo anônimo, e entra
    Na morte como em casa;
    Ou o sábio que, perdido
Na ciência, a fútil vida austera eleva
Além da nossa, como o fumo que ergue
    Braços que se desfazem
    A um céu inexistente.

25/12/1923

Olho os campos, Neera,
Campos, campos, e sofro
Já o frio da sombra
Em que não terei olhos.
A caveira antessinto
Que serei não sentindo,
Ou só quanto o que ignoro
Me incógnito ministre.
E menos ao instante
Choro, que a mim futuro,
Súbdito ausente e nulo
Do universal destino.

2.3. ALBERTO CAEIRO

O GUARDADOR DE REBANHOS

VII

Da minha aldeia vejo quanto da terra se pode ver no Universo...
Por isso a minha aldeia é tão grande como outra terra qualquer
Porque eu sou do tamanho do que vejo
E não do tamanho da minha altura...

Nas cidades a vida é mais pequena
Que aqui na minha casa no cimo deste outeiro.
Na cidade as grandes casas fecham a vista à chave,
Escondem o horizonte, empurram o nosso olhar para longe de todo
[o céu,
Tornam-nos pequenos porque nos tiram o que os nossos olhos nos
[podem dar,
E tornam-nos pobres porque a nossa única riqueza é ver.

VIII

Num meio-dia de fim de primavera
Tive um sonho como uma fotografia.
Vi Jesus Cristo descer à terra.
Veio pela encosta de um monte
Tornado outra vez menino,
A correr e a rolar-se pela erva
E a arrancar flores para as deitar fora
E a rir de modo a ouvir-se de longe.

Tinha fugido do céu.
Era nosso demais para fingir

De segunda pessoa da Trindade.
No céu era tudo falso, tudo em desacordo
Com flores e árvores e pedras.
No céu tinha que estar sempre sério
E de vez em quando de se tornar outra vez homem
E subir para a cruz, e estar sempre a morrer
Com uma coroa toda à roda de espinhos
E os pés espetados por um prego com cabeça,
E até com um trapo à roda da cintura
Como os pretos nas ilustrações.
Nem sequer o deixavam ter pai e mãe
Como as outras crianças.
O seu pai era duas pessoas –
Um velho chamado José, que era carpinteiro,
E que não era pai dele;
E o outro pai era uma pomba estúpida,
A única pomba feia do mundo
Porque não era do mundo nem era pomba.
E a sua mãe não tinha amado antes de o ter.

Não era mulher: era uma mala
Em que ele tinha vindo do céu.
E queriam que ele, que só nascera da mãe,
E nunca tivera pai para amar com respeito,
Pregasse a bondade e a justiça!

Um dia que Deus estava a dormir
E o Espírito Santo andava a voar,
Ele foi à caixa dos milagres e roubou três.
Com o primeiro fez que ninguém soubesse que ele tinha fugido.
Com o segundo criou-se eternamente humano e menino.
Com o terceiro criou um Cristo eternamente na cruz
E deixou-o pregado na cruz que há no céu

E serve de modelo às outras.
Depois fugiu para o sol
E desceu pelo primeiro raio que apanhou.

Hoje vive na minha aldeia comigo.
É uma criança bonita de riso e[9] natural.
Limpa o nariz ao braço direito,
Chapinha nas poças de água,
Colhe as flores e gosta delas e esquece-as.
Atira pedras aos burros,
Rouba a fruta dos pomares
E foge a chorar e a gritar dos cães.
E, porque sabe que elas não gostam
E que toda a gente acha graça,
Corre atrás das raparigas
Que vão em ranchos pelas estradas
Com as bilhas às cabeças
E levanta-lhes as saias.

A mim ensinou-me tudo.
Ensinou-me a olhar para as cousas.
Aponta-me todas as cousas que há nas flores.
Mostra-me como as pedras são engraçadas
Quando a gente as tem na mão
E olha devagar para elas.

Diz-me muito mal de Deus.
Diz que ele é um velho estúpido e doente,
Sempre a escarrar no chão
E a dizer indecências.
A Virgem Maria leva as tardes da eternidade a fazer meia.
E o Espírito Santo coça-se com o bico
e empoleira-se nas cadeiras e suja-as.

Tudo no céu é estúpido como a Igreja Católica.
Diz-me que Deus não percebe nada
Das coisas que criou –
"Se é que ele as criou, do que duvido" –
"Ele diz, por exemplo, que os seres cantam a sua glória,
Mas os seres não cantam nada.
Se cantassem seriam cantores.
Os seres existem e mais nada,
E por isso se chamam seres."
E depois, cansado de dizer mal de Deus,
O Menino Jesus adormece nos meus braços
E eu levo-o ao colo para casa.

....

Ele mora comigo na minha casa a meio do outeiro.
Ele é a Eterna Criança, o deus que faltava.
Ele é o humano que é natural,
Ele é o divino que sorri e que brinca.
E por isso é que eu sei com toda a certeza
Que ele é o Menino Jesus verdadeiro.

E a criança tão humana que é divina
É esta minha quotidiana vida de poeta,
E é porque ele anda sempre comigo que eu sou poeta sempre,
E que o meu mínimo olhar
Me enche de sensação,
E o mais pequeno som, seja do que for,
Parece falar comigo.

A Criança Nova que habita onde vivo
Dá-me uma mão a mim
E a outra a tudo que existe
E assim vamos os três pelo caminho que houver,
Saltando e cantando e rindo

E gozando o nosso segredo comum
Que é o de saber por toda a parte
Que não há mistério no mundo
E que tudo vale a pena.

A Criança Eterna acompanha-me sempre.
A direção do meu olhar é o seu dedo apontando.
O meu ouvido atento alegremente a todos os sons
São as cócegas que ele me faz, brincando, nas orelhas.

Damo-nos tão bem um com o outro
Na companhia de tudo
Que nunca pensamos um no outro,
Mas vivemos juntos e dois
Com um acordo íntimo
Como a mão direita e a esquerda.

Ao anoitecer brincamos às[10] cinco pedrinhas
No degrau da porta de casa,
Graves como convém a um deus e a um poeta,
E como se cada pedra
Fosse todo um universo
E fosse por isso um grande perigo para ela
Deixá-la cair no chão.

Depois eu conto-lhe histórias das causas só dos homens
E ele sorri, porque tudo é incrível.
Ri dos reis e dos que não são reis,
E tem pena de ouvir falar das guerras,
E dos comércios, e dos navios
Que ficam fumo no ar dos altos-mares.
Porque ele sabe que tudo isso falta àquela verdade

Que uma flor tem ao florescer
E que anda com a luz do sol
A variar os montes e os vales,
E a fazer doer aos olhos os muros caiados.

Depois ele adormece e eu deito-o.
Levo-o ao colo para dentro de casa
E deito-o, despindo-o lentamente
E como seguindo um ritual muito limpo
E todo materno até ele estar nu.

Ele dorme dentro da minha alma
E às vezes acorda de noite
E brinca com os meus sonhos.
Vira uns de pernas para o ar,
Põe uns em cima dos outros
E bate as palmas sozinho
Sorrindo para o meu sono.

....

Quando eu morrer, filhinho,
Seja eu a criança, o mais pequeno.
Pega-me tu ao colo
E leva-me para dentro da tua casa.
Despe o meu ser cansado e humano
E deita-me na tua cama.
E conta-me histórias, caso eu acorde,
Para eu tornar a adormecer.
E dá-me sonhos teus para eu brincar
Até que nasça qualquer dia
Que tu sabes qual é.

....

Esta é a história do meu Menino Jesus.
Por que razão que se perceba

Não há de ser ela mais verdadeira
Que tudo quanto os filósofos pensam
E tudo quanto as religiões ensinam?

IX

Sou um guardador de rebanhos.
O rebanho é os meus pensamentos
E os meus pensamentos são todos sensações.
Penso com os olhos e com os ouvidos
E com as mãos e os pés
E com o nariz e a boca.
Pensar uma flor é vê-la e cheirá-la
E comer um fruto é saber-lhe o sentido.

Por isso quando num dia de calor
Me sinto triste de gozá-lo tanto,[11]
E me deito ao comprido na erva,
E fecho os olhos quentes,
Sinto todo o meu corpo deitado na realidade,
Sei a verdade e sou feliz.

X

"Olá, guardador de rebanhos,
Aí à beira da estrada,
Que te diz o vento que passa?"

"Que é vento, e que passa,
E que já passou antes,
E que passará depois.
E a ti o que te diz?"

"Muita cousa mais do que isso.
Fala-me de muitas outras cousas.
De memórias e de saudades
E de cousas que nunca foram."

"Nunca ouviste passar o vento.
O vento só fala do vento.
O que lhe ouviste foi mentira,
E a mentira está em ti."

XI

Aquela senhora tem um piano
Que é agradável mas não é o correr dos rios
Nem o murmúrio que as árvores fazem...

Para que é preciso ter um piano?
O melhor é ter ouvidos
E amar a Natureza.

XII

Os pastores de Virgílio tocavam avenas e outras cousas
E cantavam de amor literariamente.

(Depois – eu nunca li Virgílio.
Para que o havia eu de ler?)

Mas os pastores de Virgílio, coitados, são Virgílio,
E a Natureza é bela e antiga.

XIII

Leve, leve, muito leve,
Um vento muito leve passa,
E vai-se, sempre muito leve.
E eu não sei o que penso
Nem procuro sabê-lo.

XIV

Não me importo com as rimas. Raras vezes
Há duas árvores iguais, uma ao lado da outra.
Penso e escrevo como as flores têm cor
Mas com menos perfeição no meu modo de exprimir-me
Porque me falta a simplicidade divina
De ser todo só o meu exterior.

Olho e comovo-me,
Comovo-me como a água corre quando o chão é inclinado,
E a minha poesia é natural como o levantar-se vento...

XV

As quatro canções que seguem
Separam-se de tudo o que eu penso,
Mentem a tudo o que eu sinto,
São do contrário do que eu sou...

Escrevi-as estando doente
E por isso elas são naturais
E concordam com aquilo que sinto,
Concordam com aquilo com que não concordam...
Estando doente devo pensar o contrário
Do que penso quando estou são.

(Senão não estaria doente),
Devo sentir o contrário do que sinto
Quando sou eu na saúde,
Devo mentir à minha natureza
De criatura que sente de certa maneira...

Devo ser todo doente – ideias e tudo.
Quando estou doente, não estou doente para outra cousa.

Por isso essas canções que me renegam
Não são capazes de me renegar
E são a paisagem da minha alma de noite,
A mesma ao contrário...

XVI

Quem me dera que a minha vida fosse um carro de bois
Que vem a chiar, manhãzinha cedo, pela estrada,
E que para de onde veio volta depois
Quase à noitinha pela mesma estrada.

Eu não tinha que ter esperanças – tinha só que ter rodas...
A minha velhice não tinha rugas nem cabelo branco...
Quando eu já não servia, tiravam-me as rodas
E eu ficava virado e partido no fundo de um barranco.

XVII

No meu prato que mistura de Natureza!
As minhas irmãs as plantas,
As companheiras das fontes, as santas
A quem ninguém reza...

E cortam-as e vêm à nossa mesa
E nos hotéis os hóspedes ruidosos,
Que chegam com correias tendo mantas
Pedem "Salada", descuidosos...,
Sem pensar que exigem à Terra-Mãe
A sua frescura e os seus filhos primeiros,
As primeiras verdes palavras que ela tem,
As primeiras cousas vivas e irisantes
Que Noé viu
Quando as águas desceram e o cimo dos montes
Verde e alagado surgiu
E no ar por onde a pomba apareceu
O arco-íris se esbateu...

XVIII

Quem me dera que eu fosse o pó da estrada
E que os pés dos pobres me estivessem pisando...

Quem me dera que eu fosse os rios que correm
E que as lavadeiras estivessem à minha beira...

Quem me dera que eu fosse os choupos à margem do rio
E tivesse só o céu por cima e a água por baixo...

Quem me dera que eu fosse o burro do moleiro
E que ele me batesse e me estimasse...

Antes isso que ser o que atravessa a vida
Olhando para trás de si e tendo pena...

XIX

O luar quando bate na relva
Não sei que cousa me lembra...
Lembra-me a voz da criada velha
Contando-me contos de fadas.
E de como Nossa Senhora vestida de mendiga
Andava à noite nas estradas
Socorrendo as crianças maltratadas...

Se eu já não posso crer que isso é verdade,
Para que bate o luar na relva?

XX

O tejo é mais belo que o rio que corre pela minha aldeia,
Mas o Tejo não é mais belo que o rio que corre pela minha aldeia
Porque o Tejo não é o rio que corre pela minha aldeia.

O Tejo tem grandes navios
E navega nele ainda,
Para aqueles que veem em tudo o que lá não está,
A memória das naus.

O Tejo desce de Espanha
E o Tejo entra no mar em Portugal.
Toda a gente sabe isso.
Mas poucos sabem qual é o rio da minha aldeia
E para onde ele vai
E donde ele vem.
E por isso, porque pertence a menos gente,
É mais livre e maior o rio da minha aldeia.

Pelo Tejo vai-se para o Mundo.
Para além do Tejo há a América
E a fortuna daqueles que a encontram.
Ninguém nunca pensou no que há para além
Do rio da minha aldeia.

O rio da minha aldeia não faz pensar em nada.
Quem está ao pé dele está só ao pé dele.

XXI

Se eu pudesse trincar a terra toda
E sentir-lhe um paladar,
Seria mais feliz um momento...
Mas eu nem sempre quero ser feliz.
É preciso ser de vez em quando infeliz
Para se poder ser natural...

Nem tudo é dias de sol,
E a chuva, quando falta muito, pede-se.
Por isso tomo a infelicidade como[12] a felicidade
Naturalmente, como quem não estranha
Que haja montanhas e planícies
E que haja rochedos e erva...

O que é preciso é ser-se natural e calmo
Na felicidade ou na infelicidade,
Sentir como quem olha,
Pensar como quem anda,
E quando se vai morrer, lembrar-se de que o dia morre,
E que o poente é belo e é bela a noite que fica...
Assim é e assim seja...

XXII

Como quem num dia de Verão abre a porta de casa
E espreita para o calor dos campos com a cara toda,
Às vezes, de repente, bate-me a Natureza de chapa
Na cara dos meus sentidos,
E eu fico confuso, perturbado, querendo perceber
Não sei bem como nem o quê...

Mas quem me mandou a mim querer perceber?
Quem me disse que havia que perceber?

Quando o Verão me passa pela cara
A mão leve e quente da sua brisa,
Só tenho que sentir agrado porque é brisa
Ou que sentir desagrado porque é quente,
E de qualquer maneira que eu o sinta,
Assim, porque assim o sinto, é que é meu dever senti-lo...

XXIII

O meu olhar azul como o céu
É calmo como a água ao sol.
É assim, azul e calmo,
Porque não interroga nem se espanta...

Se eu interrogasse e me espantasse
Não nasciam flores novas nos prados
Nem mudaria qualquer cousa no sol de modo a ele ficar mais belo...
(Mesmo se nascessem flores novas no prado
E se o sol mudasse para mais belo,
Eu sentiria menos flores no prado
E achava mais feio o sol...
Porque tudo é como é e assim é que é,

E eu aceito, e nem agradeço,
Para não parecer que penso nisso...)

XXXV

O luar através dos altos ramos,
Dizem os poetas todos que ele é mais
Que o luar através dos altos ramos.

Mas para mim, que não sei o que penso,
O que o luar através dos altos ramos
É, além de ser
O luar através dos altos ramos,
É não ser mais
Que o luar através dos altos ramos.

XXXVI

E há poetas que são artistas
E trabalham nos seus versos
Como um carpinteiro nas tábuas!...

Que triste não saber florir!
Ter que pôr verso sobre verso, como quem constrói um muro
E ver se está bem, e tirar se não está!...
Quando a única casa artística é a Terra toda
Que varia e está sempre bem e é sempre a mesma.

Penso nisto, não como quem pensa, mas como quem respira,
E olho para as flores e sorrio...
Não sei se elas me compreendem
Nem se eu as compreendo a elas,
Mas sei que a verdade está nelas e em mim

E na nossa comum divindade
De nos deixarmos ir e viver pela Terra
E levar ao colo[13] pelas Estações contentes
E deixar que o vento cante para adormecermos
E não termos sonhos no nosso sono.

XXXVII

Como um grande borrão de fogo sujo
O sol posto demora-se nas nuvens que ficam.

Vem um silvo vago de longe na tarde muito calma.
Deve ser dum comboio longínquo.

Neste momento vem-me uma vaga saudade
E um vago desejo plácido
Que aparece e desaparece.
Também às vezes, à flor dos ribeiros,
Formam-se bolhas na água
Que nascem e se desmancham
E não têm sentido nenhum
Salvo serem bolhas de água
Que nascem e se desmancham.

XXXVIII

Bendito seja o mesmo sol de outras terras
Que faz meus irmãos todos os homens
Porque todos os homens, um momento no dia, o olham como eu,
E nesse puro momento
Todo limpo e sensível
Regressam lacrimosamente
E com um suspiro que mal sentem
Ao homem verdadeiro e primitivo

Que via o Sol nascer e ainda o não adorava.
Porque isso é natural – mais natural
Que adorar o ouro e Deus
E a arte e a moral...

XXXIX

O mistério das cousas, onde está ele?
Onde está ele que não aparece
Pelo menos a mostrar-nos que é mistério?
Que sabe o rio disso e que sabe a árvore?
E eu, que não sou mais do que eles, que sei disso?
Sempre que olho para as cousas e penso no que os homens pensam
[delas,
Rio como um regato que soa fresco numa pedra.

Porque o único sentido oculto das cousas
É elas não terem sentido oculto nenhum,
É mais estranho do que todas as estranhezas
E do que os sonhos de todos os poetas
E os pensamentos de todos os filósofos,
Que as cousas sejam realmente o que parecem ser
E não haja nada que compreender.
Sim, eis o que os meus sentidos aprenderam sozinhos: –
As causas não têm significação: têm existência.
As causas são o único sentido oculto das cousas.

XL

7/5/1914

Passa uma borboleta por diante de mim
E pela primeira vez no Universo eu reparo
Que as borboletas não têm cor nem movimento,

Assim como as flores não têm perfume nem cor.
A cor é que tem cor nas asas da borboleta,
No movimento da borboleta o movimento é que se move,
O perfume é que tem perfume no perfume da flor.
A borboleta é apenas borboleta
E a flor é apenas flor.

XLI

7/5/1914

No entardecer dos dias de Verão, às vezes,
Ainda que não haja brisa nenhuma, parece
Que passa, um momento, uma leve brisa...
Mas as árvores permanecem imóveis
Em todas as folhas das suas folhas
E os nossos sentidos tiveram uma ilusão,
Tiveram a ilusão do que lhes agradaria...

Ah, os sentidos, os doentes que veem e ouvem!
Fôssemos nós como devíamos ser
E não haveria em nós necessidade de ilusão...
Bastar-nos-ia sentir com clareza e vida
E nem repararmos para que há sentidos...

Mas graças a Deus que há imperfeição no Mundo
Porque a imperfeição é uma cousa,
E haver gente que erra é original,
E haver gente doente torna o Mundo engraçado.
Se não houvesse imperfeição, havia uma cousa a menos,
E deve haver muita cousa
Para termos muito que ver e ouvir...

XLII

7/5/1914

Passou a diligência pela estrada, e foi-se;
E a estrada não ficou mais bela, nem sequer mais feia.
Assim é a ação humana pelo mundo fora.
Nada tiramos e nada pomos; passamos e esquecemos;
E o sol é sempre pontual todos os dias.

XLIII

7/5/1914

Antes o voo da ave, que passa e não deixa rasto,
Que a passagem do animal, que fica lembrada no chão.
A ave passa e esquece, e assim deve ser.
O animal, onde já não está e por isso de nada serve,
Mostra que já esteve, o que não serve para nada.

A recordação é uma traição à Natureza,
Porque a Natureza de ontem não é Natureza.
O que foi não é nada, e lembrar é não ver.

Passa, ave, passa, e ensina-me a passar!

XLIV

7/5/1914

Acordo de noite subitamente,
E o meu relógio ocupa a noite toda.

Não sinto a Natureza lá fora.
O meu quarto é uma cousa escura com paredes vagamente brancas.
Lá fora há um sossego como se nada existisse.
Só o relógio prossegue o seu ruído.
E esta pequena cousa de engrenagens que está em cima da minha
[mesa
Abafa toda a existência da terra e do céu...
Quase que me perco a pensar o que isto significa,
Mas estaco, e sinto-me sorrir na noite com os cantos da boca,
Porque a única cousa que o meu relógio simboliza ou significa
Enchendo com a sua pequenez a noite enorme
É a curiosa sensação de encher a noite enorme
Com a sua pequenez...

XLV

7/5/1914

Um renque de árvores lá longe, lá para a encosta.
Mas o que é um renque de árvores? Há árvores apenas.
Renque e o plural árvores não são cousas, são nomes.

Tristes das almas humanas, que põem tudo em ordem,
Que traçam linhas de cousa a cousa,
Que põem letreiros com nomes nas árvores absolutamente reais,
E desenham paralelos de latitude e longitude
Sobre a própria terra inocente e mais verde e florida do que isso!

XLVI

10/5/1914

Deste modo ou daquele modo,
Conforme calha ou não calha,

Podendo às vezes dizer o que penso,
E outras vezes dizendo-o mal e com misturas,
Vou escrevendo os meus versos sem querer,
Como se escrever não fosse uma cousa feita de gestos,
Como se escrever fosse uma cousa que me acontecesse
Como dar-me o sol de fora.

Procuro dizer o que sinto
Sem pensar em que o sinto.
Procuro encostar as palavras à ideia
E não precisar dum corredor
Do pensamento para as palavras.

Nem sempre consigo sentir o que sei que devo sentir.
O meu pensamento só muito devagar atravessa o rio a nado
Porque lhe pesa o fato que os homens o fizeram usar.
Procuro despir-me do que aprendi,
Procuro esquecer-me do modo de lembrar que me ensinaram,
E raspar a tinta com que me pintaram os sentidos,
Desencaixotar as minhas emoções verdadeiras,
Desembrulhar-me e ser eu, não Alberto Caeiro,
Mas um animal humano que a Natureza produziu.

E assim escrevo, querendo sentir a Natureza, nem sequer como um
                                                          [homem,
Mas como quem sente a Natureza, e mais nada.
E assim escrevo, ora bem, ora mal,
Ora acertando com o que quero dizer, ora errando,
Caindo aqui, levantando-me acolá,
Mas indo sempre no meu caminho como um cego teimoso.

Ainda assim, sou alguém.
Sou o descobridor da Natureza.

Sou o Argonauta das sensações verdadeiras.
Trago ao Universo um novo Universo
Porque trago ao Universo ele-próprio.

Isto sinto e isto escrevo
Perfeitamente sabedor e sem que não veja
Que são cinco horas do amanhecer
E que o sol, que ainda não mostrou a cabeça
Por cima do muro do horizonte,
Ainda assim já se lhe veem as pontas dos dedos
Agarrando o cimo do muro
Do horizonte cheio de montes baixos.

XLVII

Num dia excessivamente nítido,
Dia em que dava a vontade de ter trabalhado muito
Para nele não trabalhar nada,
Entrevi, como uma estrada por entre as árvores,
O que talvez seja o Grande Segredo,
Aquele Grande Mistério de que os poetas falsos falam.
Vi que não há Natureza,
Que Natureza não existe,
Que há montes, vales, planícies,
Que há árvores, flores, ervas,
Que há rios e pedras,
Mas que não há um todo a que isso pertença,
Que um conjunto real e verdadeiro
É uma doença das nossas ideias.
A Natureza é partes sem um todo.
Isto é talvez o tal mistério de que falam.

Foi isto o que sem pensar nem parar,
Acertei que devia ser a verdade

Que todos andam a achar e que não acham,
E que só eu, porque a não fui achar, achei.

XLVIII

Da mais alta janela da minha casa
Com um lenço branco digo adeus
Aos meus versos que partem para a Humanidade.

E não estou alegre nem triste.
Esse é o destino dos versos.
Escrevi-os e devo mostrá-los a todos
Porque não posso fazer o contrário
Como a flor não pode esconder a cor,
Nem o rio esconder que corre,
Nem a árvore esconder que dá fruto.

Ei-los que vão já longe como que na diligência
E eu sem querer sinto pena
Como uma dor no corpo.

Que sabe quem os lerá?
Quem sabe a que mãos irão?

Flor, colheu-me o meu destino para os olhos.
Árvore, arrancaram-me os frutos para as bocas.
Rio, o destino da minha água era não ficar em mim.
Submeto-me e sinto-me quase alegre,
Quase alegre como quem se cansa de estar triste.

Ide, ide de mim!
Passa a árvore e fica dispersa pela Natureza.

Murcha a flor e o seu pó dura sempre.
Corre o rio e entra no mar e a sua água é sempre a que foi sua.

Passo e fico, como o Universo.

XLIX

Meto-me para dentro, e fecho a janela.
Trazem o candeeiro e dão as boas-noites,
E a minha voz contente dá as boas-noites.
Oxalá a minha vida seja sempre isto:
O dia cheio de sol, ou suave de chuva,
Ou tempestuoso como se acabasse o Mundo,
A tarde suave e os ranchos que passam
Fitados com interesse da janela,
O último olhar amigo dado ao sossego das árvores,
E depois, fechada a janela, o candeeiro aceso,
Sem ler nada, nem pensar em nada, nem dormir,
Sentir a vida correr por mim como um rio por seu leito,
E lá fora um grande silêncio como um deus que dorme.

O PASTOR AMOROSO

6/7/1914

Quando eu não te tinha
Amava a Natureza como um monge calmo a Cristo...
Agora amo a Natureza
Como um monge calmo à Virgem Maria,
Religiosamente, a meu modo, como dantes,
Mas de outra maneira mais comovida e próxima...
Vejo melhor os rios quando vou contigo
Pelos campos até à beira dos rios;
Sentado a teu lado reparando nas nuvens
Reparo nelas melhor –
Tu não me tiraste a Natureza...
Tu mudaste a Natureza...
Trouxeste-me a Natureza para o pé de mim,
Por tu existires vejo-a melhor, mas a mesma,
Por tu me amares, amo-a do mesmo modo, mas mais,
Por tu me escolheres para te ter e te amar,
Os meus olhos fitaram-na mais demoradamente
Sobre todas as cousas.
Não me arrependo do que fui outrora
Porque ainda o sou.

6/7/1914

Vai alta no céu a lua da Primavera.
Penso em ti e dentro de mim estou completo.

Corre pelos vagos campos até mim uma brisa ligeira.
Penso em ti, murmuro o teu nome; e não sou eu: sou feliz.

Amanhã virás, andarás comigo a colher flores pelo campo,
E eu andarei contigo pelos campos ver-te colher flores.
Eu já te vejo amanhã a colher flores comigo pelos campos,
Pois quando vieres amanhã e andares comigo no campo a colher
[flores,
Isso será uma alegria e uma verdade para mim.

10/7/1930

O amor é uma companhia.
Já não sei andar só pelos caminhos,
Porque já não posso andar só.
Um pensamento visível faz-me andar mais depressa
E ver menos, e ao mesmo tempo gostar bem de ir vendo tudo.
Mesmo a ausência dela é uma cousa que está comigo.
E eu gosto tanto dela que não sei como a desejar.
Se a não vejo, imagino-a e sou forte como as árvores altas.
Mas se a vejo tremo, não sei o que é feito do que sinto na ausência
[dela.
Todo eu sou qualquer força que me abandona.
Toda a realidade olha para mim como um girassol com a cara dela no
[meio.

10/7/1930

Passei toda a noite, sem dormir, vendo, sem espaço, a figura dela
E vendo-a sempre de maneiras diferentes do que a encontro a ela
Faço pensamentos com a recordação do que ela é quando me fala,
E em cada pensamento ela varia de acordo com a sua semelhança.
Amar é pensar.
E eu quase que me esqueço de sentir só de pensar nela.
Não sei bem o que quero, mesmo dela, e eu não penso senão nela
Tenho uma grande distração animada.
Quando desejo encontrá-la

Quase que prefiro não a encontrar,
Para não ter que a deixar depois.
Não sei bem o que quero, nem quero saber o que quero. Quero só
Pensar nela.
Não peço nada a ninguém, nem a ela, senão pensar.

10/7/1930

O pastor amoroso perdeu o cajado,
E as ovelhas tresmalharam-se pela encosta,
E, de tanto pensar, nem tocou a flauta que trouxe para tocar.
Ninguém lhe apareceu ou desapareceu. Nunca mais encontrou
[cajado.
Outros, praguejando contra ele, recolheram-lhe as ovelhas.
Ninguém o tinha amado, afinal.

Quando se ergueu da encosta e da verdade falsa, viu tudo:
Os grandes vales cheios dos mesmos verdes de sempre,
As grandes montanhas longe, mais reais que qualquer sentimento,
A realidade toda, com o céu e o ar e os campos que existem, tão[14]
[presentes.
(E de novo o ar, que lhe faltara tanto tempo, lhe entrou fresco nos
[pulmões)[15]
E sentiu que de novo o ar lhe abria, mas com dor, uma liberdade no
[peito.

NOTAS

1. p. 11. *In:* F. Pessoa, *Obra poética* (Rio de Janeiro: Ed. Nova Aguilar), 1977, p. 25.
2. p. 13. F. Pessoa, *Livro do desassossego,* por Bernardo Soares (Lisboa: Ática), I, 1982, p. 30.
3. p. 17. Na edição Aguilar, que reproduz a da Editora Ática: "personalidade". Introduzirei apenas correções indispensáveis e que me parecem óbvias.
4. p. 19. Trata-se da revista *Mercure de France,* onde os simbolistas e decadentes tiveram grande acolhimento, e duma editora que os publicava.
5. p. 22. Aceitei esse convite *in: Fernando Pessoa, Le théâtre de l'être* (Paris: Ed. de la Différence), 1985.
6. p. 132. Corrigi o texto divulgado pelas edições Ática e Aguilar: "abafo".
7. p. 148. Introduzi uma correção óbvia no texto da edição Aguilar: "onde que quer".
8. p. 153. Na edição Aguilar: "ou".
9. p. 158. A copulativa "e" parece estar a mais.
10. p. 160. Corrigi o texto da edição Aguilar: "as".
11. p. 162. Na edição Aguilar, em vez da vírgula é um ponto-final.
12. p. 168. Na edição Aguilar: "com".
13. p. 171. Na edição Aguilar: "solo".
14. p. 182. Corrigi o texto divulgado pelas edições correntes: "estão".
15. p. 182. O verso entre parêntesis constitui, evidentemente, uma variante do verso seguinte.

ÍNDICE

Apresentação	7
Pessoa na sua própria pessoa e na pessoa dos seus outros	9
1. Coração de ninguém	10
2. Ninguém no plural	13
2.1. Álvaro de Campos	16
2.2. Ricardo Reis	19
2.3. Alberto Caeiro	21
Vida	23
Obra	24

Poemas

1. Coração de ninguém	27
1.1. Ao seu próprio encontro	28
Impressões do crepúsculo	29
Hora absurda	30
Chuva oblíqua	34
1.2. Cancioneiro	39
Autopsicografia	40
Isto	41
[Não meu, não meu é quanto escrevo.]	42
Passos da cruz	43
[Sonho. Não sei quem sou neste momento.]	45
Marinha	46
O menino da sua mãe	47
[Ela canta, pobre ceifeira,]	49
[Paira à tona de água]	51
Iniciação	52

1.3. Mensagem	53
Terceira parte: O encoberto	54
I. Os symbolos	54
Primeiro/D. Sebastião	54
Segundo/O quinto império	54
Terceiro/O desejado	55
Quarto/As ilhas afortunadas	56
2. Ninguém no plural	57
2.1. Álvaro de Campos	58
[A praça da Figueira de manhã,]	59
[Quando olho para mim não me percebo.]	60
Opiário	61
Soneto já antigo	68
Ode triunfal	69
Ode marítima	77
Lisbon revisited	109
Dois excertos de odes	111
[Mestre, meu mestre querido!]	117
[Na noite terrível, substância natural de todas as noites,]	120
Adiamento	122
Tabacaria	124
Apostila	130
Demogorgon	132
2.2. Ricardo Reis	133
[Severo narro. Quanto sinto, penso.]	134
[Para ser grande, sê inteiro: nada]	135
[Sereno aguarda o fim que pouco tarda.]	136
[Como se cada beijo]	137
[Vem sentar-te comigo, Lídia, à beira do rio.]	138
[Ao longe os montes têm neve ao sol,]	140
[Bocas roxas de vinho,]	141
[Ouvi contar que outrora, quando a Pérsia]	142
[Prefiro rosas, meu amor, à pátria,]	146
[Ninguém a outro ama, senão que ama]	147

[Lídia, ignoramos. Somos estrangeiros] 148
[Nada fica de nada. Nada somos.] 149
[Quero ignorado, e calmo] 150
[Já sobre a fronte vã se me acinzenta] 151
[Não só vinho, mas nele o olvido, deito] 152
[Quanta tristeza e amargura afoga] 153
[Olho os campos, Neera,] 154
2.3. Alberto Caeiro 155
O guardador de rebanhos 156
O pastor amoroso 180

Notas 183

LEIA TAMBÉM

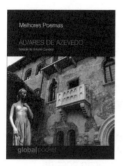

MELHORES POEMAS
ÁLVARES DE AZEVEDO
Seleção e prefácio de Antonio Candido

Falecido aos 20 anos de idade, o romântico Álvares de Azevedo deixou entre os contemporâneos a ideia de gênio. Mas os seus poemas falam, com sentimentalismo e um admirável senso de humor, de coisas muito humanas, do amor, da aproximação entre os sexos, dos sonhos e aspirações da mocidade, sentimentos dos jovens de todas as épocas.

MELHORES POEMAS
MARIO QUINTANA
Seleção e prefácio de Fausto Cunha

Classificado por si mesmo como aprendiz de feiticeiro, Mario Quintana deixou algumas das feitiçarias poéticas mais fascinantes da literatura brasileira. Poemas curtos, versos simples e musicais, poesia aberta para o mundo do sonho, consagrada por uma imensa receptividade popular.

MELHORES POEMAS
ARNALDO ANTUNES
Seleção e prefácio de Noemi Jaffe

"A minha poesia anseia outros lugares. É como se a palavra fosse um porto seguro, com o qual tenho mais intimidade, mas do qual me aventuro a outros lugares." Na poesia de Arnaldo Antunes se entrelaçam letras e formas. O poeta pensa palavras e desenha versos, canções, performances. Nesta coletânea, reuniu-se, com primor, o melhor de sua produção poética.

MELHORES POEMAS
CECÍLIA MEIRELES
Seleção e prefácio de André Seffrin

Considerada a mais alta personalidade feminina da poesia brasileira e um dos maiores nomes de nossa literatura, em qualquer época, Cecília Meireles deixou uma obra poética intensa e perturbadora, caracterizada pela busca ansiosa de apreender e compreender o mistério da vida.

MELHORES POEMAS
CORA CORALINA
Seleção e prefácio de Darcy França Denófrio

Essa obra traz a seleção especial dos mais célebres poemas de Cora. Organizada por Darcy França Denófrio, mestre em Teoria Literária, a obra apresenta-se em formato pocket. Simples, muito próxima do gosto do povo, fluindo com naturalidade, a poesia de Cora Coralina encontrou uma imensa receptividade popular. O segredo talvez esteja no fato de que os seus versos dizem o que as pessoas sentem, mas não conseguem expressar, e na grande simpatia pelo semelhante, sobretudo os humilhados e perseguidos.

MELHORES POEMAS
FERREIRA GULLAR
Seleção e prefácio de Alfredo Bosi

Ferreira Gullar tem como preocupação fundamental o ser humano e o mundo que o cerca: "Todas as coisas de que falo estão na cidade/ entre o céu e a terra/ são coisas, todas elas,/ cotidianas, como bocas/ e mãos, sonhos, greves, denúncias", mas também a injustiça, a opressão social, o sentido da vida, como autêntico poeta de nosso tempo.